U0606558

GAOGAOSKY | 高高 BOOKS

正面聊天 ②

如何制造一席令 TA 刮目的思想讨论盛宴

［澳］迈克尔·帕克 著

玉 冰 译

作家出版社

（京权）图字：01-2019-4843

图书在版编目（CIP）数据

正面聊天. 2 /（澳）迈克尔·帕克著；玉冰译. --
北京：作家出版社，2019.11
ISBN 978-7-5212-0675-3

Ⅰ.①正… Ⅱ.①迈… ②玉… Ⅲ.①家庭教育
Ⅳ.①G78

中国版本图书馆CIP数据核字（2019）第239123号

Copyright© Michael Parker 2014
The Simplified Chinese translation rights arranged through Rightol Media.
（本书中文简体版权经由锐拓传媒取得）

正面聊天 2

著　　者：［澳］迈克尔·帕克
译　　者：玉　冰
责任编辑：李　夏
装帧设计：高高国际
出版发行：作家出版社有限公司
社　　址：北京农展馆南里10号　　邮　　编：100125
电话传真：86-10-65067186（发行中心及邮购部）
　　　　　86-10-65004079（总编室）
E-mail:zuojia@zuojia.net.cn
http://www.zuojiachubanshe.com
印　　刷：北京文昌阁彩色印刷有限责任公司
成品尺寸：146×210
字　　数：173千
印　　张：11.25
版　　次：2020年1月第1版
印　　次：2020年1月第1次印刷
ISBN 978-7-5212-0675-3
定　　价：45.00元

聊天是最好的管教

这本书幽默风趣！

书中提供的这些给父母与孩子的话题非常有趣，**颇有哲学和道德意味**。能帮助我们从不同的角度来思考问题，而不是大多人认为那样是对的，那就是对的！

如果你是家长：

读这本书会**让你成为更有趣的父母**，把你除了生活琐碎、唠叨之外的一面，展示给孩子，让他们感受到"原来，我爸（妈）是这样有趣的灵魂哪！""原来，爸（妈）把我当作可以讨论这些问题的对象呢！"这有助于建立良好的亲子关系，促进父母和孩子更深入地了解彼此的想法和内心。

另外，这样的对话，**对父母、对孩子都是很好的思维训练**。

如果你是孩子：

和伙伴们或是父母一起讨论这些问题，会是**非常有趣的经历**。你可能会了解到"原来，人与人的想法这么不同！""原来，这样的情况下，有这么多选择！""如果这件事发生在我身上，我不会喜欢。""原来，这种思维，是一个陷阱，下次别想糊弄我"……

这本书，是玉冰老师翻译的。她翻译了很多耳熟能详的好作品，比如《正面管教》《你的 N 岁孩子》《与神对话——献给青少年》等。玉冰老师这些年，一直致力于将国外优秀的家庭教育作品翻译到国内，她的翻译精准优美、通俗易懂，还非常贴心地把许多英语中的俗语、英文的地名、事件等一一注释了出来，仅仅读这些注释也会让人长不少见识呢！

愿读到这本书的父母和孩子们能有所收获！
愿我们的孩子都能**成长为一个有道德、有智慧的人**！

目录
Contents

第 2 章　小我，大社会

第 3 章　生命是什么呢

第 4 章　不做不该做的事

第 5 章　什么是真的呢

| 导 言 |

　　也许尚在非常年幼之时的孩子有个最为了不起的地方，那就是他对世界的无穷无尽的好奇心。对他来说周围的一切都又新奇又美好，不论是一个玩具、一间没去过的屋子、一条没走过的小道，还是你家狗狗刚从花园里叼出来的、那湿乎乎的咬得不成样的什么东西，都会令他满心欢喜。不过，随着人渐渐长大，不少孩子的好奇心会慢慢地淡下来。虽然他们依然喜欢探究，不过那种怎么也满足不了的想要了解这个世界的热切之心，到底没有小时候那么强烈了。

　　这本书的目的就是让那扇通往新奇世界的门能继续开着。还不止于此。最好能把那扇门的门框也给拆下来，甚至把那堵墙给推倒，使里面新奇的、美好的、重要的、前沿的、充满生机的各种观念，都彻底展现在孩子眼前，引发他们的思考。

　　因为，孩子越大也就越善于思考。他们知道得越多，抽象思维能力就越强，因此也就越有能力应对一些越来越宏大的观念。故此，向他们展现一些有意思的大思想，让那颗好奇心能继续探究下去，就成了一件很有意义的事情。学校当然是最善于做这种事情的好地方，不过，多给孩子提供些更有趣的机会有什么不好呢？既然你必须要督促他们写作业、帮他们准备午餐盒，那至少你也可以跟他们聊聊吧？聊聊诸如克隆、记忆、资本主义，乃至人生的意义。这本书针对的主要对象是十几岁的少年人，不过，有些话题你不妨在孩子才刚 9 岁的时候就跟他们聊聊，或者是在他们已经 90 岁了的时候跟他们聊聊，如果你能活到那么久的话。

　　我觉得，让孩子在成长为完全成熟的青年人之前就有机会去思考这些观念，这一点非常重要，更何况这些观念本身就很是重要。孩子们一天到晚都在想事情，因此，我们很应该花点时间跟他们聊聊什么叫思想。他们每天都生活在一个资本运作体系里，因此，至少应该跟他们聊聊什么叫资本主义，这就好比鱼们应该聊聊水一样。有一天你以及你的孩子终归会死去，因此，找个机会聊聊死也是很应该的。不消说他们很可能永远也不会变成一只蝙蝠，不过，偶尔聊聊如果他们变成了蝙蝠会怎么样，也应该是一桩十分有趣的事情。所有这些，都既是我们的生活，也是对生活的一种探究。

我也希望这本书中的话题能有助于你和孩子相处得更融洽。这些话题，也许能让少年人不再只是躲在自己厚厚的壳里不肯让你看，而是能跟你畅所欲言，来些富有思想而且颇有实际内容的交谈。也许能让你除了跟孩子唠叨他们的时间安排、家庭作业，责怪他们房间太乱之外，还能有些新鲜的话题。也许还能有点自私的意思吧，你想，若是将来他们给你的悼词中能来上这么一句该多好："我们曾就一些非常有意义的话题跟您做过最有意趣的探讨。"也许能让他们在心里有了什么难题时，会愿意找你聊聊；还也许能让你更清楚地了解自己的孩子，知道他们在不断成长，他们独特的想法值得你刮目相看。

该怎么让孩子愿意跟你谈论大思想呢

下面的这些建议中，希望有些能适合你家的情形。

放一本书在汽车座位前面的手套箱里，以便路上随时拿出来聊上一聊。

　　搞个定期"比萨座谈会",大家边吃边聊。很抱歉这也许会害得你牺牲掉几顿健康的晚餐;不过,假如你能让餐桌上不但有大思想还有扁豆汤,那当然再好不过了。

　　让"聊聊大思想"变成你们日常生活中的受欢迎的"伴奏曲"——给小孩子洗澡时、全家围坐餐桌边时、跟大孩子道晚安时,等等吧。

　　把这本书"随手乱放"在家里,方便孩子能随手捡起来翻两页。这很有可能让他们撞上几个感兴趣的话题。

　　把这本书变成一个"引子",引导孩子从实际生活中找出些他们自己的大思想来。也许一场家庭危机或者学校里的某桩大事能引发一场热烈的讨论;也许你能从新闻报道中抓出某个值得讨论的观点来;也许这能让他们从家庭作业中换换脑子,来点儿更有趣的话题。你还可以从网络上搜集些资料跟孩子们深入地聊下去。

该怎么跟孩子谈论这些大思想呢

　　我在《正面聊天 1》中已经列举出不少建议来,其中有一些还是很值得在这里重复的。

不必一定要题题不落地往下讨论。不妨挑选些你们喜欢的话题；还可以从这些话题中挑选些你喜欢的问题来聊。

也不必每次都要像开研讨会似的拉长足够时间。有时候也许 5 分钟就可以了，有时候也许需要聊上 45 分钟。这要看你们家的氛围了。

要让你的孩子做主讲人，你只在需要"煽风点火"的时候说几句就好。还能记得你小时候跟"权威人士"谈话时的情景吧？如果话主要都是由对方说出来的，你可能会觉得别人压制了你，很快就再不肯说话了，对吧？所以，如果你觉察到自己的话超过了一半，那肯定就有什么地方不对劲了。

不要针对任何观念提供你的"正确"答案。如果让孩子觉得你是在等他们兜了一个大圈子之后才向他们"揭秘"——"看，正确答案！"——他们就会觉得自己的想法没有了价值。关键之处在于你要尊重他们的想法、他们的创意、他们的观点。

值得你们感兴趣的，是孩子们思路的推进，而不是你的。所以，你要表现出对他们说的话感兴趣。不妨用上一些"谈话润滑剂"表示你的确在听,比如说,"嗯,有点意思""我倒真没那么想过""这里你要再多讲讲",等等。当然了,如果你是真的对他们的话感兴趣,哪怕他们的话还不够深刻,还不够感天动地,那当然再好不过。这样一来,他们就会自然而然地越说越来劲儿。

你不妨扮演一下"坏蛋分身"[1]。在讨论的过程中,提出完全相反的论调是没什么关系的。不过,你一定要让孩子明白,你是在"故意唱反调",目的是让讨论能更热烈地进行下去,而不是真的不认同他们的看法。

你可以担当讨论中的"对话交通警",密切关注讨论气氛,确保对话中不同观点的交流渠道能够畅通。比如说,"这和你上一次的说法有什么关联吗?""你能不能举一个具体的例子呢?""这跟你姐姐的看法有哪些不同的地方呢?"

祝你们好运,也祝你们开心。

---

1 "坏蛋分身"的说法来自西方人的传统观念。他们认为每个人头脑里都有"好人分身"和"坏蛋分身",两个"分身"经常在脑海里打架,打赢了的那一方就会主导人的行为。——译者注

第 1 章

假如说有这样一个世界

帮助孩子搭建宏观思维

话题 1

人类发明

· 假如说你可以回到过去，阻止某些东西被发明出来。你可以抬头看看家里上下左右，也可以走到门外看看，选出 5 样东西来。然后，逐一想象一下，假如那样东西的萌芽被你掐死了，你的生活会有什么不同？整个世界会有什么不同？

· 假如说你回到了过去，阻止了下列事物的发明与发现：

A. 轮子　　　B. 火　　C. 数字体系（即 1、2、3、4 等）

D. 语言　　　E. 印刷术　　　F. 微型电路芯片

G. 钟表　　　H. 钱币

想象一下，若没有了上述发明与发现，这世界该是什么样子？假如没有了其中任何一项，这世界仍能发展进步吗？我们的日子仍能过得幸福吗？

· 你认为这世界上最重要、最伟大的发明，应该是什么？为什么呢？

· 下列各项发明，带来了哪些好处和坏处？请你按重要程度排出一个先后次序来，然后看看你家里其他人的排法跟你有些什么不同。

A. 枪　　　　B. 电话　　　　C. 电脑　　　　D. 指南针

E. 电视　　　　F. 抗生素　　　　G. 麻醉剂　　　　H. 原子弹

话题 2

人类历史

· 画一条"时间线",描述你自己的生命轨迹。从你出生那一年起开始,画到今天为止。然后,在这条线上标出你人生中最重要的一些事情出来。你可以和爸爸妈妈一起讨论,商量出这个时间点该怎么画,都有哪些大事件,为什么那些要算作大事件。

· 再画一条时间线,一头从公元 1700 年开始,另一头画到今天为止。你打算在这条线上画出哪些重大事件呢?如果你不记得具体年份,没关系,大致画在你觉得像那么回事儿的位置上就好。

· 再画一条时间线,从"大爆炸"宇宙开始生成,一直画到今天,也就是说,从 140 亿年之前为起点。你打算在这条线上画出哪些重大事件呢?各应该画在什么位置上?如果你不记得具体年份,没关系,大致画在你觉得

像那么回事儿的位置上就好。哪些事件你打算再去查查
资料呢？

话题 3
人类未来

讨论

· 想象一下，将来可能会是什么样子？

A.50 年之后　　　　　B.1000 年之后

C.100 万年之后

· 你心中最美好、最向往的未来会是什么样子的？最糟糕、最可怕的未来会是什么样子的？

· 我们现在应该做些什么来增加未来朝我们向往的方向发展的可能性，而不会朝最糟糕的方向发展呢？

背景介绍

天文学家卡尔·萨根（Carl Sagan）[1]，曾就有关人类的未来这么写道：

人类文明已经处于崩溃的边缘，而这都是人类自己造成的。我们在这个星球上不断进化的过程中，已经积累出了一个很糟糕的累赘——侵略主义、形式主义、排他主义、媚上欺下等的倾向性。而这些累赘，将会给我们的未来带来很大的不确定性。

当然了，我们也同样在进化中学会了同情他人、关爱幼小；我们渴望从历史和经验中吸取教训，也非常热衷于学习新知识。而这一切，无疑又成了我们继续生存下去并能更加枝繁叶茂的重要依仗。不过，到底人类的哪种天性会在今后占上风，这实在难以预料，尤其当我们的眼界仅仅局限于小小的地球之上一块小小的地域之内时，那就更难说了。

但是，在浩瀚的宇宙之中，有一个无法忽视的景观正等

1　卡尔·萨根（1934—1996），美国天体物理学家、宇宙学家、著名科普及科幻作家。——译者注

待着我们去发现……我们若从太空中俯瞰地球，国家之间的疆界是完全看不见的。当看到我们的星球在烟波浩渺的宇宙星海中由一弯小小的、柔弱的蓝色月牙，缩成了一个几乎看不见的小点时，狂热的民族主义、大国沙文主义以及宗教排外主义等等，就都变得不足为道了。走得越远，我们的眼界也就能越宽阔。[1]

更多讨论

· 你对未来的展望，跟卡尔·萨根相比有些什么不同？你是会比他更乐观，还是会比他更悲观呢？

· 卡尔·萨根的大思想是什么呢？你怎么看待他的这个大思想呢？

· 从太空中看地球时，你能看到什么？"大国沙文主义"的确显得没什么意义了吗？还是你想到了什么别的事情？

· 在远离地球 60 亿英里之外的宇宙中，1990 年"旅行者

1　见兰登屋出版社 1980 出版的《宇宙》，第 318 页。

1号"（Voyager）航天器拍摄了一张照片。地球是照片右侧棕色线中间稍微偏下之处那个蓝色的小圆点。一个极其微小的小点。这是否让你觉得地球更值得珍惜了？是否觉得地球更渺小了？还是你有了什么其他的感受？

话题 4
地球村

背景介绍

请你把整个地球假想成一个村子。地球上的 70 亿人口请假想成这村里的 100 个村民。若我们用这 100 个村民来代表地球上 70 亿人口现状的话，那么在这个村子里：

84 个人能写会读，16 个人是文盲；

74 个人能得到小学教育，26 个人得不到；

7 个人能得到大学文凭，93 个人得不到；

87 个人可以得到干净饮水（很多人须从公用水井里打水），13 个人得不到；

52 个人每天的生活费能超过 2 美元，48 个人只能低于 2 美元；

65 个人能享受到较好的卫生设施，16 个人连厕所都没有；

77 个人住在能遮风蔽雨的处所里，23 个人没有住所；

100 个人当中，营养不足的人几乎过半；

76 个人能用上电，尽管其中大部分只是晚上用电照明。24 个人接不上电；

10 个人拥有全村 86% 的财富。如果你能有 1 万美元的家财，就已经排到全村第 3 名了；

富榜排名最下面的 50 个人，只拥有全村 1% 的财富。

讨论

· 你在这个村子里的处境是怎样的？

· 你对这个村子的现状有什么置评？

· 假如能从头开始重新设计一番，你会让上述诸多数据变成什么样呢？

· 你在这人世间的财富，多大程度取决于你的气运，多大程度取决于你善加管理?

· 你出生于这人世间的何处, 多大程度取决于你的气运?

· 我们对气运的看法, 会多大程度影响到我们该怎么去看、怎么去对待这世界中物质财富最为贫乏的那群人?

话题 5
世界观

背景介绍

"世界观"，指的是一个人（或一群人）对社会乃至全世界的看法。因价值观、成长背景、信仰、哲学观的不同，人的世界观也会各有不同。这就好比是我们都戴着有色眼镜看世界，透过不同着色的眼镜片，每个人眼中的世界会各有不同。只不过，有些人会认为唯有透过他的那种"有色镜片"去看世界才是正确的，并且很难接受别人跟他的看法会有所不同。

你若想挑战这一节的话题，须做好思想准备。毕竟，你已经在现有的世界观里生活了好些年，而要想接受与过去完全不同的世界观，必定会是一桩非常困难的事情。

讨论

· 你的"世界观"是什么样的？请想出三四条你针对社会、政治等的观点，然后请你思考下列因素对你的世界观的影响有多大：

A. 你的成长背景，也就是你从小到大生活的社会圈子；

B. 你的家庭背景，也就是你从父母和兄弟姐妹那里得来的价值观；

C. 你的个性，比如说你是乐观主义者还是悲观主义者，是外向还是内向，等等。

· 假如说你是非洲某小村庄里的一个年轻人，每天都要去种地。你很想去村里那间满是灰尘的学校上学，可你却去不了。你爸爸已经离家一年去跟别人打内战。除了种地，每天你都要去 3 里地外的水井挑一担水。如果幸运的话，一天的劳动结束之后你能吃上一碗饭，而且常常会吃不饱。好，针对下列事情，你这个非洲穷孩子会怎么想？你的世界观会怎么看？

A. 漂洋过海来澳大利亚寻求庇护的人，或是从墨西哥越境到美国寻求庇护的人；

B. 大型商城；

C. 世界上的财富是怎么分配的；

D. 有远房亲戚住在另一片城郊或是别的城市；

E. 时髦泳装。

· 假如说，你相信我们周围到处都隐藏着看不见的道德小精灵的队伍，每一间屋子里就能有几十个。它们的任务是惩恶扬善，比如说，让坏人摔一跤，让好人在面试的时候崭露头角，等等，而这样的小事情每天都会有好几百次。你的这一信念，决定了你对这世上其他事情的看法。说说你对下面这些事情会怎么看吧：

A. 受了伤的人　　　B. 医疗保险

C. 社保服务　　　　D. 在学校获得好成绩

E. 此刻电台上正在报道的政治事件和社会问题

· 再回到你自己的信念上来。你还坚持你的观点吗？在你思考过别人的世界观之后，你的信念有没有更坚定些？你的眼界有没有更全面些？

话题 6

盖亚

背景介绍

1965 年的某天，詹姆斯·拉夫洛克（James lovelock）[1] 在
美国宇航局（NASA）里，用计算机处理着太空数据，想
要从中找出火星上是否存在生命的依据。NASA 的科学
家们认为，若要确定某星球上是否有生命，须先确定那
里是否"熵[2]值减少"，也就是说，看看那里能否让自身
环境变得更加有序。这样讲好了，一间无人使用的房间
会满是灰尘而且凌乱不堪，可一旦有人住进去，这房间
就会变得干净整齐。詹姆斯·拉夫洛克发现，火星和金
星都像是死的，可是，地球上的环境却复杂到了极点，

---

1 詹姆斯·拉夫洛克（1919 — ），英国科学家，是他发现了大气中的氟
利昂。——译者注
2 熵，shāng，原本是热动力学里的一种参数，后来成为在概率论、天体物
理、生命科学等多个领域的重要参数。——译者注

而且很适合于生命的存在。比如说，他发现，地球上的平均温度是 15 摄氏度，这可是非常适合于生存的温度；他还发现，哪怕随着时间的推移，来自太阳的光照量不断变迁，可亿万年以来地球温度却能一直保持在这个水平上。詹姆斯·拉夫洛克因此开始琢磨起地球的大自然来。

讨论

· 假如说你身体里的血红细胞中有两个是可以思考的，你觉得它俩会不会使劲琢磨并发现它们原来是生活在一个巨人的身体里？你觉得它俩会相信自己的发现吗？

· 珊瑚礁上的珊瑚是活着的。你觉得珊瑚礁因此也"活着"吗？

· 会不会地球的表面也是"活着"的？若是，那么地球的"全身"呢？怎么个活着法？

· 你平常怎么分辨某样东西是不是活着的？地球的情形是不是也可以依此来推断？什么地方不一样呢？

· 有没有可能某样东西虽然有生命却不会思考？地球会不会就是这样的？

背景介绍

詹姆斯·拉夫洛克后来在 1979 年出了一本书，叫《盖亚：地球生命新探》（*Gaia: A New Look on Earth*）。他认为，地球上能存在生命，而且能保持得那么久，这简直就是一件不可能的事情，真像是宇宙这个"太空沙漠"中突兀的一座伊甸园。他说，地球能做到自我调节其生态环境，以确保各种生命都能安然无恙存活下去；而且，地球还能使得其大自然中所有生命都相辅相成，形成一个整体。这意味着，"我们可能会发现，人类和地球上的其他生物其实互为依托，俱为一个生命整体的一部分，共同致力于维系我们这个星球的健康，维护这个让所有生命都能继续安安稳稳生存下去的家园。"詹姆斯·拉夫洛克把这个"生命整体"命名为"盖亚"。

更多讨论

· 你怎么看待詹姆斯·拉夫洛克的这一观点?

· 若说整个环境能保持自我的"鲜活"就认为它是"活的",
这会不会有些过于牵强了? "盖亚"之说,会不会只是
一种比喻手法?

· 有些科学家认为,若单凭进化论,实不足以解释为什
么地球上所有的生存环境要素都能如此完美地结合在一
起。(不过,这种说法并非是主流观点。)你觉得呢?
你怎么看待这种观点呢?

· 假如你要对什么进行研究,比如说,气候,你会是把
整体一再细分成一个个很小的部分来研究,还是会把所
有细小的发现拼成一个庞大的整体来琢磨? 这两种研究
方式,各有哪些缺点呢?

· 假如说,地球真是活的,而且还会思考。你觉得,对
于我们人类,它心中会作何感想?

· 如果"盖亚"是真实存在的,那我们是其中的一部分
吗? 还是说,我们是活在其中的?

· 詹姆斯·拉夫洛克在 2009 年又发表了新的观点，他说，人类是地球上的癣疥。你觉得他为什么会这么说？你怎么看待他的这一观点？

话题 7
有没有外星人呢

背景介绍

在我们银河系里，有数千亿颗恒星；而在我们的宇宙里，有数千亿座这样庞大的星系。哪怕我们不敢说"大部分"，但是不消说肯定有"很多"的恒星，都会有行星环绕周围。这就使得整个宇宙中除了地球之外还有其他生命的可能性非常大。

讨论

· 你认为会有外星人存在吗？为什么呢？

· 你希不希望有外星人存在？为什么呢？

· 假如说真有外星人存在的话，你觉得他们更可能是跟我们相似的呢，还是更可能会是不同的？怎么个相似法？怎么个不同法？

· 你觉得他们对我们更可能是挺友善的呢，还是更可能会不怎么友善？

· 你看过的描写外星人的电影中，哪几部你最喜欢？你觉得那些故事的真实性会有多大？为什么？

· 假如说火星上出现了很初级的生命，然后有一些被彗星碰巧带到了我们地球上，你觉得，这些初级生命会不会说我们是外星人？

背景介绍

科学家弗兰克·德雷克（Frank Drake）[1] 为了估算外星人存在的可能性有多大，设计出一种计算公式，叫"德雷克公式"。该估算公式涵盖了宇宙中各种情况的可能性，比如恒星会有行星，行星会具备适合生存的条件，实际

1　弗兰克·德雷克（1930—　），美国"地外文明搜寻"组织创始人、天文学家。——译者注

上已经进化出了生命，简单生命已经进化成了复杂生命，复杂生命并未向外张扬，等等。他和包括卡尔·萨根在内的其他科学家一起，得出了这样一个结论：即便是在我们的银河系里，也存在着数以千计的外星文明。

"地外文明搜寻"组织（SETI）从 40 多年前开始至今，一直在使用射电望远镜寻找来自外星文明的信息。（对了，你也可以用家里的电脑帮他们处理射电望远镜得到的信息。）到目前为止他们还没能找到有关信息。但是，SETI 能获得并分析的信息，仅仅是整个星空中的很小一部分，而外星人有可能故意不向外界发射无线电信号。不过，也有人认为，如果宇宙中真的到处都有生命体的话，我们早就应该找到某些迹象了。

比如说"费米悖论"就认为，如果真有外星人，那么我们应该早已发现了他们。这是以恩利克·费米（Enrico Fermi）[1] 的名字而命名的悖论。他这么说的主要支持点，在于太阳是一颗相当年轻的恒星，而许多恒星的年龄比

---

[1] 恩利克·费米（1901—1954），他领导的科研小组在芝加哥大学建立起了人类第一台可控核反应堆，使人类从此迈入原子能时代，而他也被誉为"原子能之父"。——译者注

太阳早了好几十亿年。这意味着这些恒星周围的许多行星上的生命起源，应该比地球早了好几十亿年。因此，在数亿年乃至是数十亿年之前，他们就应该已经有能力进行星际旅行了。这样一来，哪怕是穿越银河系需要数千万年的时间，他们也应该在很久之前就至少到访过地球，甚至早就来统御地球了。

更多讨论

· 到底有没有外星文明，你是怎么看的呢？你觉得可能会有很多，还是只有少数几个？抑或根本就没有？你觉得是德雷克公式还是费米悖论更有道理一些？

· 假如真有技术非常先进的外星人来统御了地球，你觉得那该是什么情形？会更像是个美梦，还是更像个噩梦？

· 你觉得外星人会怎么看待我们呢？会不会认为我们很值得他们赞叹？假如你想要说服外星人，让他们觉得地球人值得他们拯救，你打算把什么展示给他们看？有没有什么你想要藏起来不让他们看的？

· 假如说根本没有什么外星人，而地球上的生命是整个宇宙中的唯一，对此你心中有什么感想？这会让你觉得自己是很伟大还是很渺小？是否让你想到我们该怎么好好爱惜这地球？

话题 8
假如说有这样一个世界

讨论

· 假如说有这样一个世界，那里每个人都能看清楚别人的心思，该会是什么情形？跟我们的世界会有些什么不同呢？你是更愿意生活在那个世界里，还是我们这个世界里？

· 假如说有这样一个世界，那里每个人都可以转瞬间就从一处挪到另一处，该会是什么情形？跟我们的世界会有些什么不同呢？你是更愿意生活在那个世界里，还是我们这个世界里？

· 假如说有这样一个世界，那里每个人只要吃一颗药就可以永远开开心心，该会是什么情形？跟我们的世界会有些什么不同呢？你是更愿意生活在那个世界里，还是我们这个世界里？

· 假如说有这样一个世界，那里的一切都只有黑白两色，该会是什么情形？跟我们的世界会有些什么不同呢？你是更愿意生活在那个世界里，还是我们这个世界里？

· 假如说有这样一个世界，那里每个人都可以喜欢长什么样就长成什么样，而且还可以每星期都换个不同的模样，那该会是什么情形？跟我们的世界会有些什么不同呢？你是更愿意生活在那个世界里，还是我们这个世界里？

· 假如说有这样一个世界，那里每个人都能记住他们读过的每一个字、听到过的每一句话，该会是什么情形？跟我们的世界会有些什么不同呢？你是更愿意生活在那个世界里，还是我们这个世界里？

· 假如说有这样一个世界，那里每个人都能穿越回一个星期以前，也可以穿越到一个星期以后，那该会是什么情形？跟我们的世界会有些什么不同呢？你是更愿意生活在那个世界里，还是我们这个世界里？

· 假如说有这样一个世界，那里每个人都可以让时间"冻结"在一个点上，并且在那个时间点上愿意活多久就活多久，而他的家人和朋友也都可以"冻结"在那个时间点上，不会变老，那该会是什么情形？跟我们的世界会有些什么不同呢？你是更愿意生活在那个世界里，还是我们这个世界里？

· 假如说有这样一个世界，那里有取之不竭用之不尽的钱财。你会做些什么呢？会不会很快乐？

· 假如说有这样一个世界，那里可以重组每样东西里的原子，让一样东西变成另一样，比如说，把一张桌子变成一个汉堡包，把一枚导弹变成一朵花儿；而且，每个人都可以做得到，那该会是什么情形呢？你是更愿意生活在那个世界里，还是我们这个世界里？（备注：纳米技术的发展意味着将来真有可能变成这样一个世界。）

话题 9
发明与发现

讨论

· "发明"和"发现"这两者之间有什么不同？

· 苹果公司做出了平板电脑"iPad"，这东西算不算是新发明？还是说，那只不过是把笔记本电脑和苹果手机合并到了一起？

· "第一部"汽车，应该算是新发明吗？还是说，那只不过是把轮子、马达等许多较小的发明组合到了一起？

· 假如说，未来 1000 年之后，我们终于发明出了星际宇宙飞船，驾船朝着银河系外飞了出去。等到了别的星系之后，我们遇到了其他外星文明早在数百万年之前就发明出来了的星际宇宙飞船。那，我们做出来的飞船还能算是新发明吗?

· 据说,肯德基(KFC)是按照上校[1]的12种植物和香料的秘制配方制作的。这种秘方,是早就存在于这宇宙间等待有人去发现的东西,还是由上校从无到有发明出来的?

· 假如说这世界上所有的人都是聋子,然后有一个人制作出了一种人工耳,这下子人人都能听得见声音了。那,人们的听觉算不算是这个人"发明"的?

背景介绍

"直觉主义"是由L.E.J.布劳威尔(L.E.J.Brouwer)[2]创立的数学哲学,他认为数学本身就是由人类创造出来的东西。也就是说,数学是人类的发明。直觉主义者认为,这世上并没有什么早就存在在那里的根本原理(例如加法原理)等待人们去发现。

1　肯德基炸鸡的创始人桑德斯上校。——译者注
2　L.E.J. 布劳威尔(1881—1966),荷兰数学家和哲学家。——译者注

柏拉图的看法则完全相反，他认为数学原理在被人们发现之前早就已经存在在那里了。也就是说，数学是一种发现。他甚至还认为，数学原理存在于一种"抽象之域"当中，我们可以用意念去感知到它的存在。

背景介绍

科学指的是通过观察和做试验来认识物理世界（乃至宇宙）的方法。科学家会使用"科学方法"来做预计、做实验，然后根据得到的结果做出结论。古希腊时人们曾把科学看作是"自然哲学"的一个分支，而这一独立的研究分支一直到了最近两三百年才蓬勃发展起来。

更多讨论

· 数字，是由第一个数数的人发明的吗？还是说，那是由他发现了的？

· 假如说世界上没有谁会数数，那，2+2是不是依然等于 4 呢？

· 你认为数学应该算是人类的发明，还是应该算是人类
对大自然的发现？如果算是人类的发现，那么，在被发
现之前，它存在于哪里呢？

· 下列东西，你觉得算是发明还是发现？

A. 城市　　　B. 思想　　　C. 梦境

D. 时间　　　E. 钟表　　　F. 音乐

G. 贝多芬第五交响曲

话题 10
科学带来的好处及坏处以及范式转移

讨论

· 科学给我们带来了什么好处呢？（想想比如电力等）

· 科学给我们带来了什么坏处呢？（想想比如武器等）

· 你认为科学给我们带来的更多的是好处还是坏处？

· 假如你的父母告诉你的是一套东西［比如说，宇宙是大神梵天（Braham）¹的所有梦想］，而科学教给你的是另一套东西（比如说，宇宙是由发生在 139 亿年之前的"大爆炸"所创造出来的），你该怎么办？该相信哪一种说法呢？有没有可能两种说法你都相信？

· 假如科学告诉你的是会让你接受不了的事情（比如说，

1　梵天，古印度传说中的创世神。——译者注

人是由猴子变来的），你该怎么办？信，还是不信？

· 假如科学能研究出一种可以治愈所有疾病的方法，这
是不是一桩好事情呢？

背景介绍

科学和技术是可以分开来看待的，前者讲的是对世界的
认知，后者讲的是把获得的这些认知通过新的发明应用
到现实生活当中。

托马斯·库恩（Thomas SamueL. Kuhn）[1] 在他的著作《科
学革命的结构》（*The Structure of Scientific Revolutions*）
中讲述了"范式转移"（Paradigm Shifts）的概念。书中
写道，科学发展到一定阶段之后，会停滞相当长一段时
间，直到出现很多问题和困难并由此引发一场新的思想
革命，这时，许多旧思想就会被新思想所代替。而这些
新思想又会再次停滞一段相当长的时间，直到后来又再
次被更新一波的新思想所取代。这样的思想革命，就叫

---

1 托马斯·库恩（1922—1996），美国物理学家、科学史学家、科学哲
学家。——译者注

作范式转移。这本书让人们不应单纯地把科学看作是唯一的"真理"，而更应看作是在不断改进中的更有说服力的思维方式。要说范式转移的例子，一个是进化论，再一个就是量子力学，也就是对比原子还要小的粒子的研究。

更多讨论

· 你能不能再想出几个范式转移的例子来？能不能把范式转移应用到日常生活中去呢？在你思考问题的过程中，有没有遇到过范式转移？

· 如果说科学就是不断进行范式转移，那科学是否仍然是真理呢？

· 科学老师跟英语老师相比，有什么不同？科学老师跟研究宗教的老师相比，有什么不同？科学老师跟戏剧老师相比，有什么不同？

话题 11
模拟现实

背景介绍

现在，戴上一种眼镜，就能让你觉得自己"身临其境"地进入了在你正在玩着的电脑游戏当中，很真实。这就叫"虚拟实境"。而虚拟实境在未来还可以再往前推进很远很远，那就变成了"模拟现实"。其做法可能会是把你的大脑跟电脑连接起来，让电脑往你的大脑输送大量的电子信号。这些脉冲信号会通过你的眼睛、鼻子、皮肤等感官，直接传导进你的大脑，让你觉得，你是真的看见了、闻到了、接触到了。在这种电脑模拟出来的世界里，你会觉得自己是实实在在地生活在一个真实的世界中，尽管实际上并非如此。

好，讨论开始。

广告：山姆模拟店在本镇购物中心开业了！尽享世上所有快乐，费用低廉！

讨论

假如说，你现在来到了这家模拟店。山姆热情接待了你，向你展示了该怎么在里面玩。你只需要放松地靠在一张舒服的椅子里，接通与电脑的连接，然后，闭上你的眼睛，任凭电脑把所有的感官信号都输送进你的大脑里，好让你觉得你是真的"在那里"。山姆问你，愿不愿意"去"哪里游玩一趟。

· 你愿意在山姆的店里"去"哪里游玩呢？

A. 参加一个"半日游"，到一个世界上最刺激的游乐场所，参加些格外吓人的活动，比如滑翔伞、攀岩之类的？

B. 进入到某个游戏之中，扮演某惊险大片中的武打明星，或是浪漫大片中的情圣？

C. 带上你全家人，参加一个"假日一周游"，去某个全球最美沙滩度假村，或是去欧洲游览几个最著名的景点？

D. 参加一个"电玩一周乐",跟全家人一起玩上整整一个星期的电子武打游戏?

· 假如说,你选择了带领全家一起去沙滩度假一周的实境模拟。你会不会觉得你们"真的"去了沙滩度假?你的体验会不会都是真的?你的记忆会不会都是真的?你的情绪会不会都是真的?

山姆还向你推荐了一款全新产品,一旦你进入到了模拟现实中,你就会忘掉你其实处在模拟实境中,而只会觉得你是真正身处其中。他向你推荐了可以玩 5 个小时的多种游戏。

· 你愿意"进"到什么游戏中去呢?

A. 让你真的以为自己到了一个世界上最独特的海滨,度过了一个最美好的假日。

B. 让你真的以为自己是汤姆·克鲁斯(Tom Cruise)[1]扮演的那种战斗英雄,从最歹毒的阴谋中拯救了全世界。

---

1 汤姆·克鲁斯(1962—),好莱坞巨星,"碟中谍"系列、《最后的武士》等电影的男主角。——译者注

C. 让你真的以为自己是汤姆·克鲁斯本人，过着好莱坞巨星的生活。

D. 让你真的以为自己是全校最受人追捧、体育上最出风头、学习上最聪明的人，在学校里度过了最出彩的一天。（当然了，除非你本来就是这样，也就是说，很可能你本来就进入了模拟现实之中。）

· 你要不要进入一个玩着玩着就会觉得自己有可能会死的游戏呢？当然了，在你进入这个游戏之前，你很清楚自己其实非常安全。要不要？

· 待到你从游戏中出来之后，你觉得自己是更可能会遭到一定程度的心灵冲击（就好像真正经历过了似的），还是更可能只像是做了一场梦（从梦中醒来之后就把一切都抛到了脑后）？

第二次你又来到山姆的模拟店时，发现里面变得更幽暗了些，一长溜的人坐在前台的后面，跟一大排电脑连接在一起。山姆说他又有了一个新的产品要推荐给你。不用掏很多钱，你就能让自己的下半辈子全都跟电脑连接到一起。你既可以自己单独这么做，也可以把全家人都带来一起这么做。你可以花一整天的时间亲自编制程序，设计出一整套你想要过的生活来，然后，套上头盔就能进入其中。你可以把这一生设计成你获得了巨大的成功，受人追捧、被人爱戴、令人仰慕，一切都称心如意。你可以把自己设计成一个超级间谍、完美情圣、体育大神、开天辟地的天才，甚至是集所有这一切于一身。而且，你还会完全不知道你只是在模拟实境之中。

· 你要不要接受山姆的推荐？为什么要？为什么不要？什么地方让你觉得难以做出抉择？

· 假如山姆推荐给你的不是你的整个下半辈子，而仅仅是未来 5 年呢？你要不要？假如你还可以去到各种不同的年代生活，比如说，去当一个国王、大总统、未来世界探险家等，你要不要？假如你还可以进入所有你能想象出来的任何组合中去，你要不要呢？

· 你所经历的这一切，都会是真的吗？你是真的活在你的人生中，还是在模拟实境之中而已呢？

背景介绍

哲学家尼克·博斯特罗姆（Nick Bostrom）[1]提出了一个令人瞠目结舌的想法。他说，未来人们有可能在电脑上设计出某种虚拟实境的世界来，电脑里都是些输入了编程的人，只是这些人并不认为他们是模拟实境中的人，而是活在真实社会当中的人。如果这真能实现的话，那意味着这种编程不仅仅是一套，而是数亿万套。换句话说，每次复制这种编程时，复制出来的会是很多很多的模拟人。这就好比是歌手印制出了自己的唱碟之后，这张唱碟能被复制出数百万张一样。如果这是真的，那么，任何一个人都有可能是这数亿万复制品中的一个，而并非是一个原生态的人。也就是说，这意味着，你，很有可能就是一个电脑模拟实境中的"模拟人"，而不是一个有血有肉的"真人"。

1　尼克·博斯特罗姆（1973 —　），瑞典哲学家和超人类主义学家，牛津大学人类未来研究院院长。——译者注

讨论

· 请讨论讨论尼克·博斯特罗姆的想法。你个人是怎么看的？有没有可能你就是一个模拟人？你觉得他的想法里面有没有什么漏洞？

· 你是否认为电脑真能设计出以为自己是真人的"迷你型编程模拟人"来？

话题 12
无限和空间

背景介绍

无限，说的是某样东西会无休止地延展下去，没有尽头，永不中止。若想完整地想象出"无限"的样子来，这是不可能的事情；不过，这并不妨碍我们使劲儿去想象。无限这个术语，首先诞生于数学领域，由芝诺（一个写下了好几个悖论的古希腊哲学家）传承下来。印度的哲学家们曾把这个词分成两个不同的分野，一个叫"数不尽"（这说的是数目无限大），一个叫"望不尽"（这说的是空间无限大）。

讨论

· 一个大数，能大到什么地步？这世界上有没有哪个数是最大的数？还是说，这世上的数，从来都是只有更大没有最大？

· 假如说你在一张纸的开头写下了数字"1"，然后，你在这个数字后面写下无数多个"零"，排满了整张纸，又写了很多张纸，排满了整个银河系，这个数够不够大？算不算得上是"无限大"了？还是说，这跟"无限大"比起来，仍然只不过是一丁点儿？

· 有没有可能一些无限数会比另一些无限数更大？比如说，都是无限数，1 和 5 之间的无限数是不是比 1 和 2 之间的无限数更大？[1]

· 宇宙是不是无限大的？还是说，宇宙是有止境的？

· 如果说宇宙是有止境的，那么，那止境之外又是什么呢？还是更多的宇宙吗？

· 如果说宇宙是无止境的，那也就意味着原子的每种不同组合都出现过了……而且都出现过无数次了。可是，

1　1 到 5 之间可以有数不清的分割，1 到 2 之间也能分割成数不清的数。"无限"可以往小走，即无穷小；也可以往大走，即无穷大；还可以往某两个点的中间走，即无穷尽。——译者注

这就又意味着，就在我们说话的这一瞬间，宇宙中有许许多多的（无限多的，而且是实实在在的）"你"，正做着不同的事情。可……你觉得这可能吗？

背景介绍（更加深奥）

爱因斯坦（Albert Einstein）说，宇宙之所以是无限的，那是因为宇宙空间是带弯曲的。我们都知道什么是空间的三维，即长度、宽度、高度。可是爱因斯坦却说，还有第四维，这个第四维就是弯曲。所以，整个宇宙就像是一个巨大的四维空间的球体，你可以在里面无穷无尽地绕来绕去。正因为如此，宇宙就成了"有限但无止境"的了。

这却引出了一个问题。如果宇宙是四维的球体，那么，球体之外又是什么呢？爱因斯坦可能会说，这问题问得毫无意义。他会说，你应该把宇宙想象成一个蛋糕。空间的维数就好比是做蛋糕的原材料，这些原材料全都倒在了制作蛋糕的大碗里。若问宇宙之外还有什么，那无疑等于你问这个蛋糕之外还有什么原材料。答案当然是没有了，因为这个蛋糕所需的原材料统统都在这个蛋糕里面了啊。

进一步讨论

· 假如说，有个物件儿只有两维：长度与宽度。这物件儿遇到了拥有长、宽、高三维的你，你觉得，它会作何感想？会怎么看待你？

· 再假如说，你遇到了一个"有"着四维的物件儿，除了有长、宽、高，还有个什么东东……你能想象得出来吗？

· 又假如说，你和爱因斯坦在一起，正行走于宇宙之中。走着走着，你觉得接下去可能会……

A. 就这么没完没了地走下去？

B. 回到你们出发的起点？

C. 最终碰到这宇宙"蛋糕"的边缘？

D. 还是什么其他的结果？你说说看？

爱因斯坦关于空间的观念已经被多次验证。可尽管如此，你肯定仍然会觉得完全不可思议。我们能不能接受得了一种自己无法完全理解的观念呢？

更进一步讨论：宇宙迷思

· 我们的宇宙会不会只是一个更大宇宙的一小部分？

· 会不会存在着成千上万个不同宇宙？

· 我们身体里的每一个原子，会不会都是一个小宇宙？

· 我们的宇宙会不会是一个极其巨大的物种中的一个小原子？

· 我们的宇宙会不会是一种电脑虚拟？

· 我们做梦的时候，那里会不会是一个我们梦中生物们的宇宙世界？

· 我们的宇宙会不会是某个大神的梦境呢？

话题 13
关于时间的悖论

背景介绍

有好几个物理学家，比如说基普·索恩（Kip Thorne）[1]，认为时光穿梭从物理学角度来说是可能的，一则可以借助虫洞；二则我们现在已经懂得了快速穿梭时时光会变慢这一概念。但是，以目前的科技水平来说，我们还无法真能实现时光穿梭；而且，若真能做到的话，各种稀奇古怪的事情可能就会出现了。

讨论

· 假如说，你穿梭到了过去，去观看你爷爷奶奶首次相

---

1 基普·索恩（1940— ），美国理论物理学家，和霍金是多年的同事与朋友。——译者注

遇。据说，他们当初是在一座小溪的桥上碰到一起的。可是，你穿梭回去的时候，一下子惊诧于奶奶那时居然那么漂亮。你忍不住跟她搭起话来，问她的工作、她的家人什么的。等你的唠叨终于告一段落时，你才想到，你已经耽误了她，以至于她错过了你爷爷从桥上走过的时间。他们两于是没有相遇！

A. 那你怎么还会在这儿呢？

B. 你到底出生了没？

C. 会不会是你爷爷奶奶后来在其他场合相遇了？

· 又假如说，你穿梭回去之后，没有跟奶奶聊天，却在那座桥前面不远处突然横穿马路，导致一场交通事故。车里的人因此丢了命。你震撼至极地看向车里，却发现那人居然是你爷爷！这下他再也不可能跟你奶奶相遇了。

A. 你到底出生没？

B. 如果说你没能生下来，那你现在在这儿干吗呢？

C. 如果说你没能生下来，你又怎么可能造成那场车祸、阻止了你爷爷跟你奶奶的相遇呢？

D. 如果说你没法造成那场车祸，也没法阻止你爷爷奶奶的相遇，那是不是说你爷爷奶奶那会儿就一定会相遇了？然后就有了你父亲了？

· 假如说，你穿梭回去之后，杀死了还是小孩子的阿道夫·希特勒，或者假如你把他给偷走了，带去了很远的地方，那么……

A. 第二次世界大战还会爆发吗？

B. 因 20 世纪 40 年代时那场巨大的社会动乱而相遇了的那些人呢？他们依然还会相遇吗？

C. 如果希特勒不在了，历史会不会变得更加糟糕？

D. 你会不会不顾一切杀了希特勒？还是会让他继续活着？

E. 如果你让希特勒继续活下去，那后来因希特勒而死了的那些人，是不是就都该把账算到你头上了呢？

· 请你再选几个其他历史上的重大事件，比如说，刺杀肯尼迪[1]，或是伦敦大火[2]。然后想想看，若是你改变了当时的历史，会造成什么样的影响？你要不要回去改变历史呢？

背景介绍

改变过去的后果太过棘手，因此，有些人设想出了几种理论来反驳发生过了的事可以被改变的观点。

第一种理论是"诺维科夫自洽性原则（Novikov self-consistency principle）[3]。该原则指出，任何你过去做过的事情已经成为了历史的一个部分，因此，不论你想要做出什么改变都注定会失败。也就是说，想要刺杀希特勒时你的枪会卡壳，打算偷走他时你会被堵在路上逃不

1　肯迪尼是美国第 35 任总统，1963 年 11 月遭到枪杀。他最著名的一句话是："不要问国家能为你做些什么，而要问问你能为国家做些什么。"——译者注

2　发生于 1666 年 9 月，是英国伦敦历史上最严重的一次火灾。那次烧掉了许多建筑物，包括圣保罗大教堂，可也切断了自 1665 年以来肆虐伦敦的鼠疫灾难。——译者注

3　这是由俄罗斯理论物理学家诺维科夫在 20 世纪 80 年代提出的有关时间悖论的法则。——译者注

出去。

第二种叫作"多重宇宙论"，这是由物理学家休·埃弗雷特（Hugh Everett）[1]提出来的。他认为，任何时候我们做出的任何一个决定都会衍生出一个全新的、平行的宇宙来。因此，假如说你阻止了你爷爷奶奶的相遇，这就衍生出了一个他们俩没有相遇的宇宙。在那个宇宙里你永远也不会出生，但是，你却活在你所在的这个宇宙里。

更多讨论

· 这两种理论看上去似乎都很不靠谱，不过，我们在稍前讨论过的"时光穿梭之悖论"本身就很不靠谱。这两种反驳理论当中，哪一种你觉得更靠谱一些？你能不能再想出一种不同的说法来呢？

· 这种自相矛盾是否意味着时光穿梭其实是不可能的？

1　休·埃弗雷特（1930— ），美国量子力学物理学家，1957年就提出了"多重宇宙论"这一假设。——译者注

话题 14
时间（越发深奥）

讨论

· 跑 100 米需要花多少时间？跑 100 秒能跑出多远？（你可以想象成是火车在跑，也可以想象成是宇航器在跑。）

· 有没有可能时间会加速或者减慢，哪怕我们就活在其中？我们该怎么知道时间是跑得更快了还是更慢了？

· 当你无聊透顶的时候，是不是时光的流逝变慢了？

· 有没有什么办法能度量时光流逝的速度呢？

· 别动，闭上眼睛，看看你能否感觉到时光的流逝。能吗？那是一种什么样的感觉呢？

· 假如你能够回到过去，你打算回到什么时候？要去做些什么？

· 假如你能够去到未来，你打算去到什么时候呢？要去做些什么？

背景介绍

1905 年爱因斯坦就发现，时间并非我们以前所想象的那般是极其稳定的不变量。相反，时间就跟我们已知的长度、宽度、高度这三维一样，也是空间的一维。最主要的不同点在于，我们"陷在"了这一维里面，出不来了，因此既不能像我们在公园里那般地走动（在长度和宽度中移动），也不能像我们在升降梯里那般挪动（在高度中移动）。不过，当你在空间中移动的时候，时间的速度会因你的移动而加快（当然，就那么一丁点儿）；而当引力（或叫重力）加大的时候，时间的速度也会因此加快（也是那么一丁点儿）。

进一步讨论

· 时间怎么就成了"维度"了？为什么这听起来怪异至极呢？

· 有没有可能真有什么是哪怕我们无法想象却也真实存在的？比如时间的怪异？

· 如果"时间"也是空间维度之一，那会不会还有其他维度呢？你能不能再想出来几条？

· 时间是不是真的像条河？从过去流向未来的河流？

· 时间会不会像是沿着一张巨大织毯移动的一支火炬的光亮？尽管过去、现在、未来全都早已经在那里了，就像是这张巨大织毯上的图案一般，可是，能被这支火炬照亮的地方，却永远只是那移动着的火炬周围那一点点地方而已。

·假如说过去、现在、未来真的全都早就在那里了，就像是那张巨大织毯上的图案一般，这是否意味着你的未来早已注定？

话题 15
凌乱无序（深奥题）

背景介绍

1961 年，气象学家爱德华·洛伦茨（Edward Lorenz）[1] 正在利用计算机模拟气候状况。有一天，为了省事儿，他把小数点后的位数做了四舍五入的截取，只不过，这调整幅度不会超过千分之一。这么说吧，温度 24.1 摄氏度与 24.2 摄氏度的差距，是不是实在可以忽略不计？他当时就是这么认为的，这点小调整对气象的预测不可能产生什么影响。可是他错了，造成的差别大了去了！电脑计算出来的模拟结果，跟之前相比完全不一样了！这引起了洛伦茨的深思。

1　爱德华·洛伦茨（1917—2008），美国数学家、气象学家，混沌理论之父，蝴蝶效应的发现者。——译者注

讨论

· 你能不能对某些事情做出预测？有没有任何你能准确预测出来的事情？

· 假如我们能设计出非常非常先进的电脑，你觉得有没有可能把世界上现有的一切数据都输进电脑，然后计算出未来可能会变成什么样子？几百年前的科学家，比如牛顿，还有拉普拉斯（Pierre Laplace）[1] 等人，他们就曾经认为这是可以做到的。

背景介绍

爱德华·洛伦茨得出这么一个结论：气候，以及许多其他实体体系，是凌乱无序的，也是不可预测的。他后来发表了一篇文章，题为《一只蝴蝶在巴西扇动翅膀，能否导致德克萨斯州出现一场龙卷风？》（*Does the Flap of a Butterfly's Wings in Brazil set off a Tornado in Texas?*）。在这篇文章中，洛伦茨指出，一开始的小小不同，有可

1　拉普拉斯（1749—1827），法国著名天文学家和数学家，法国科学院院士，天体力学的主要奠基人。——译者注

能导致后来的巨大差异。

更多讨论

· 你是否认为一只蝴蝶扇扇翅膀就能造成一场龙卷风?是怎么造成的呢?

· 会不会是上百万只蝴蝶一起扇动翅膀,再加上千千万万个其他因素,这才导致了一场龙卷风呢?

· 你觉得,想要准确预测相当久远之后的天气,真是可能做到的吗?

· 你觉得,这是否意味着我们这个世界里一切都是随机的,是不可预测的?

· "蝴蝶效应"是否也能应用到生活中的其他方面?比如说,你现在做的一个小小的决定,是否会对以后的人生造成巨大的影响?你能举一个你亲身经历的例子吗?

· 我们能不能预测自己未来的人生?

第 2 章

小我，大社会

培养孩子的社会意识

话题 1

热爱你的祖国

背景介绍

从数千年之前开始，人们就以各自所属的部落或族群来界定自己的身份。不过，有关"国家"的这一"现代"观念，却只是在 18 世纪之后才出现的。比如说英国吧，就是从那之后才有了他们的国旗以及国歌。18 世纪后期的法国大革命以及美国独立战争，更是在人们心中巩固了"国家"这一观念。所以，国家，比我们大多数人所想象的要年轻很多。

讨论

· 哪些方面是你们国家最好的？

· 哪些方面是你们国家最不好的？有没有可能你既爱你

的国家，又数落出她的一串不是来？

· 你爱你的国家吗？为什么？

· 你可以像爱你爸爸妈妈、你的学校、你喜欢的冰激凌那样，爱你的国家吗？

· 假如说一个国家由同一个民族（或是同一宗教信仰）构成，其优势会在什么地方？有没有"不太好"的地方？假如说一个国家由多个民族（或是多种宗教信仰）组成，其优势会在什么地方？有没有"不太好"的地方呢？

· 全由同一类人组成的国家，会存在哪些危险性呢？

· 一个大国（比如美国）是否应该被分成多个小国（比如，德克萨斯、爱德华、纽约等），以保有更多共同之处呢？

· 一群小国（比如葡萄牙、希腊、丹麦等）是否应该合并成一个大国（比如欧联邦），以获得更强大的国力呢？

· 如果你认为你的国家方方面面都非常好，那么该不该把这些好办法都推广到其他国家去？

背景介绍

马克斯·韦伯（Max Weber）[1] 曾说，国家的出现，是因为人们从 14 世纪起学会了绘制地图，并能越来越精准地画出疆界来。埃里克·霍布斯鲍姆（Eric Hobsbawm）[2] 认为法国是先有了疆界之后才有了法国人。他指出，在法国大革命的时候，只有半数法国人会讲法语，而讲得流利的更是只有 12% ~ 13%。

斐迪南·滕尼斯（Ferdinand Tönnies）[3] 曾总结出两种不同的社会。一种是以传统村落为基础的社会，人与人之间有很多的感情联系，他称之为"共同体社会"（Gemeinschaft）。另一种社会则由更大的社会群体组成，人与人之间并不相识，很多事情都不带感情色彩，冷冰冰的，他称之为"法理社会"（Gesellschaft）。照滕尼斯的理论来看，国家主义可以被看作是旨在促进冷漠的现代社会价值观，并让我们忘记乡村式社会的感情价值。

---

1 马克斯·韦伯（1864—1920），德国著名社会学家，政治学家，经济学家，哲学家。——译者注

2 埃里克·霍布斯鲍姆（1917—2012），英国历史学家、作家。——译者注

3 斐迪南·滕尼斯（1855—1936），德国社会学家，著作有《共同体与社会》《新时代精神》。——译者注

更多讨论

· 假如说我们发现了一块新大陆，上面满是各种小型部落和大型王国。我们对它做了测绘，并且非常仔细地勾勒出了20个新的"国家"版图。你觉得，这些就能算是真正的国家了吗？还需要些什么才能使之成为真正的国家？应该使之成为国家吗？

· 假如说你能够从头开始重新组合我们这个世界，你会怎么来做组合，使我们能够忠诚于自己的：

A. 国家

B. 当地社区

C. 部落或是民族

D. 州或是省（比如，马萨诸塞州、新南威尔士州、马尼托巴省）

E. 球队或是代号

F. 星球

你为什么要忠于他们呢？

话题 2
资本主义

背景介绍

资本主义，指的是一个国家中绝大多数的店铺、农场、商贸、银行等等，都属于个人或私人企业拥有，而不属于政府。商家以比制作成本或者采购成本更高的价格出售其商品（比如苹果、报纸、电影等），并由此获取利润。这些获利的绝大部分也都归私人所有。这也叫作自由市场经济模式。

讨论

· 如果你手上有下列产品，该怎么让自己获取利润呢？

A. 自己种出的 1000 个苹果；

B. 耗资 2 亿巨款拍出的一部新的超人电影；

C. 新发明的一款用海水做动力的汽车发动机。

要赚取利润，你可能会遇到哪些困难？

· 人为什么要努力工作？你会为了什么而努力工作？会
不会是为了：

A. 帮助他人；

B. 挣钱给自己花；

C. 让自己能继续对手头上的工作感兴趣；

D. 让自己能腾出时间来做其他事情，比如说，去剧院或
者球场什么的。

· 假如说，你新开了一家制作球鞋的公司，并招收了50
名员工帮你干活。你打算付给他们多少工资呢？你为什
么会这么决定呢？

A. 尽量少给。毕竟这是你的公司，他们随时都可能走掉；

B. 尽量多给，好让他们能过上好日子，只要你的公司能
挣得足够的钱；

C. 分红给那些跟你一样工作努力的人。

· 假如说，你拥有一家饮料生产公司，能轻而易举地把"碳酸氢钠湖"里的水变成可乐饮料。唯有这个湖里的水才做得出来，只不过，生产过程中会产生大量的浓烟。在你决定要生产多少可乐饮料的时候，你会多大程度地顾及以下群体的利益呢？

A. 你的投资者们，也就是那些向你提供启动资金、助你建起这家公司的人；

B. 你和你的家人，也就是利润获得者；

C. 住在碳酸氢钠湖周围的居民们；

D. 附近所有能呼吸到浓烟空气的人们；

E. 发明了可乐饮料的可口可乐公司的人。

背景介绍

1776 年，亚当·斯密（Adam Smith）[1]写下了《国富论》

---

1 亚当·斯密（1723—1790），经济学的主要创立者。——译者注

（*Wealth of Nations*），许多人都把这看作是"资本主义圣经"。他在书中写道，如果让商家（比如卖苹果的店铺）相互竞争，就能促使价格下降而令用户（也就是买苹果的人）受惠。他还写道，政府应该置身局外而放任各个商家彼此竞争。他认为，市场是一只看不见的手，能让经营有方的商家越发壮大，也能让经营不良的商家倒闭破产。

但是，有些经济学家，比如艾伦·马歇尔（Alan Marshall）[1]，却反对亚当·斯密的看法。他认为，人应该和钱一样重要，我们应该更多地关注"人的福利"。如果有商家为了追求盈利而践踏了人，那么这家商号就该被关闭，至少也要让其减速运转。

讨论

·假如说，在某个国家里，所有商家都可以随意相互竞争，不论是电脑公司、出版社、超市还是汽车行等等，只要他们不使出杀人放火等违法犯罪手段，就都能得到允许。

1　艾伦·马歇尔（1902—1984），澳大利亚著名作家。——译者注

在这样的背景下，你觉得：

A. 汽车、电脑等的质量，会变得更好还是更糟？

B. 电脑、书本等的价格，会变得更高还是更低？

C. 公司员工的薪水，会变得更高还是更低？

D. 大型公司是会更加壮大还是倒闭？

E. 小型公司是会更加壮大还是倒闭？

· 假如说你是执政者，你是否打算出手控制商家的各种竞争行为？你打算推出哪些控制政策呢？

· 假如说亚当·斯密和艾伦·马歇尔能面对面地进行争论，你认为谁会赢呢？

· 假如说有一家美国矿业公司，他们唯一能获利的途径就是让工人在极度危险的坑道里开矿。你觉得这家公司是否应该：

A. 让工人处于极度危险之中？

B. 被勒令关门？

话题 3

马克思主义

背景介绍

卡尔·马克思是 19 世纪中叶的一位德国哲学家。他创作了一套理论，讲述了人类社会是怎么运行的，尤其讲述了他对资本主义社会如何运行的看法。他的这些分析，至今仍有不少人认为值得借鉴。他还坚信，资本主义是一种很糟糕的体系，我们应该把它推翻，以共产主义社会来取代资本主义社会；只不过这一观点，目前在西方国家当中许多人都不接受。

讨论

· 假如说，你在一家生产盒子的工厂里工作。如果你能每天做出 50 个盒子来，并且自己拿出去卖钱，那么你能挣到 50 块钱，而这笔钱足够你过得丰衣足食。好，再假设，现在你每天需要做 60 个盒子出来。本来这是可以卖出 60 块钱的，不过，工厂老板只付给你 50 块钱，剩下 10 块钱被他拿去了。你能接受得了吗？

· 假如说，你是这家工厂的老板。你花了钱建起了这家工厂，并且承担着工厂可能无法存活而血本无归的风险。现在，这家工厂里有了 100 个工人，每人每天能生产 60 个盒子。你觉得，要不要每天只付给每个工人 50 块钱，剩下的钱（每个工人 10 块钱，共 1000 块钱）都留给你自己呢？

· 要维持这家工厂的运作，什么是更为重要的？是启动资金（也就是资本）更重要？还是每天的劳动（也就是生产力）更重要？

背景介绍

工人需要付出多少劳动就能丰衣足食，与他实际上付出了多少劳动，这中间的差值，马克思称之为"剩余价值"。他认为，工厂老板（也就是"资本家"）窃取了这一剩余价值。之所以能做到如此，用马克思的话来说，是因为资本家"占有生产资料"。他在《共产党宣言》中写道："人，生而自由，却无往不在枷锁之中。"[1] 马克思还把工厂老板或中产阶级称之为"资产阶级"，同时把工人称为"无产阶级"。

讨论

· 谁应该拥有这家工厂？

A. 提供了这个盒子设计方案的那位女士；

B. 买下土地并建起了这间工厂的那位男士；

C. 出资买下了一部分工厂资产的众人（也就是股东们）；

D. 生产出每个盒子的工人们；

E. 所有上述人都算在内。

· 马克思认为，应该由工人拥有"生产资料"（也就是盒子工厂本身）才对。你怎么看待他的这一观点呢？

1　这句话原本出自卢梭的《社会契约论》。——译者注

· 马克思认为，实际上很多人都是在一次又一次地重复着同样的、枯燥的工作（也就是整天做盒子）。他把这种工作称之为"异化劳动"，并认为这是一件坏事。你觉得这是不是一件坏事呢？是否可以做些变革，以避免异化劳动呢？

· 你愿意属于哪一个阶级呢？是"中产阶级"，还是"工人阶级"？为什么呢？

· 你觉得从一个阶级的人变成另一阶级的人是不是一件容易的事情？为什么容易？为什么不容易？

· 马克思认为，不应该允许父母死后把财产都留给其子女。你觉得他为什么会有这样的观点？你怎么看待他的这一观点呢？

· 假如说，现在政府拥有了这家盒子工厂，每天都发给每个人 50 块钱让工人生产盒子。你觉得，这样一来，每个人每天能生产出多少盒子呢？会是更多还是更少？

话题 4

我们是否应该罢黜暴君

背景介绍

地球上有好几个国家的首脑，总是要把反对他的国民关起来，迫害他们，甚至杀害他们。这些个暴君，要么把国家当成了自己搜刮民脂民膏的敛财工具，要么强迫国民按照他规定的狭窄道路生活。

讨论

· 如果你们一家人要在一个冷酷无情的暴政国家执政，而你自己则要成为这个国家的暴君，那么，你打算怎么利用你的：

A. 军队　　　B. 教育体系

C. 最密切的盟友（当然也可能反过来把你推下台）

D. 媒体　　　E. 家人

通过这样的讨论，你是否更加理解了为何大多数人不会站起来推翻暴君？

· 假如说我们生活在一个暴政国家里，你会不会希望能有其他国家（比如说欧洲某国）的军事力量入侵我国，以图罢黜暴君？为什么希望？为什么不希望？这样做有什么好的地方？有什么潜在危险？

· 一个超级大国（比如美国）是否负有道义上的责任，要入侵某国去推翻其暴政统治者？反之，一个超级大国是否负有道义上的责任，不得去干涉他国的内政？

· 如果出现下列情况，你的答案会不会有所不同？

A. 入侵时没有造成多少人员伤亡；

B. 入侵时没有造成太多物质损失；

C. 入侵国有个巨大金矿可奖励你开采；

D. 许多本国国民都希望有强力外国军队进驻；

E. 即将成立的新政府有可能和旧政府一样坏（但也有可能会不同）。

· 联合国是 70 多年之前成立的一个可以"代表"全世界所有国家的组织。他们没有独立的军事力量，只不过可以一定程度地控制由各国军事力量组成的"维和部队"。你觉得联合国是否应该拥有一支自己的军队，好用来罢黜暴君政权？联合国是否应该罢黜暴君？若联合国拥有自己的军队，这里会有什么潜在的危险吗？

· 聊一聊（以及到网上查一查）他国军事力量最近入侵暴政国家的事情，以及暴政国家最近发生的内战。通过这些具体实例，你现在对罢黜暴君这样的事又有了些什么新看法？已经发生了的那些事情你觉得是否值得？今后是否还值得那么去做？

话题 5
言论自由

背景介绍

言论自由是自由社会中最为重要的人权之一，尤其在民主社会之中更是如此。没有了言论自由，一个社会很容易就会退变成警察社会，民众能保有的权利也很快会所剩无几。言论自由非常重要，如美国宪法首次修订时，确保言论自由就是其关键处之一："国会不得批准任何可能妨害言论自由的法律。"联合国的《人权宣言》第19 条也强调了这一点："人人有自由表达个人意见的权利，也有保留个人意见而不受干涉的权利。"

讨论

· 假如说，有人新当选了总统或是总理，他掌权后立即废除了言论自由。如果有人胆敢说他或者他手下群僚的坏话，就会被投入监狱。你觉得，接下来会出现什么情形呢？然后呢？再然后呢？再过 5 年，整个国家可能会是什么情形呢？

· 假如说，有一个大富豪拥有国内大多数的报社和电视台。再假如说，现在有两个对手正在竞选总统。那个拥有众多报社和电视台的大富豪决定，只发布对甲竞选者有利、对乙竞选者不利的报道。你觉得，该国算不算拥有言论自由呢？

· 假如说，那个拥有众多报社和电台的大富豪决定，他要自己竞选总统或总理，他的报刊和电台都只报道有关他的正面消息。你觉得，该国算不算拥有言论自由呢？

· 假如说，有一个人叫朱利安，他设立了一个网站，允许任何人往那里上传各种有关军队、间谍、政府等的秘密文件。他说，这就是言论自由，是应该允许的。你同意他的看法吗？还是说，你会认为有些秘密文件不应该被公布出来？

· 在网络上是否有更宽泛的言论自由？网络上是否应该

拥有更宽泛的言论自由?

· 你们家里是否有言论自由?应不应该有呢?

· 你们学校里是否有言论自由?应不应该有呢?

背景介绍

我们有好几项法律是限制言论自由的。比如说,《反诽谤法》禁止那些能给个人和公司造成伤害的不实言论。还有,《商业法》也禁止那些旨在误导或欺骗客户的不实言论。另外,许多国家都把商谈如何去犯罪归为犯罪行为,哪怕你根本就是纸上谈兵也不行。

讨论

· 你可不可以爱怎么瞎说就怎么瞎说,然后用"言论自由"来当作你的挡箭牌呢?比如说,你能不能发表了下列言论呢?

A. 发布了一个帖子,编造了一条很恶毒的信息诋毁你的敌人，说对方在星期六的晚会上做了什么什么；

B. 发布了一个帖子，公布了一条很恶毒的真实信息诋毁你的敌人，说对方在星期六的晚会上做了什么什么；

C. 发布文章说，某某种族（比如说，白种人、黑种人、绿种人什么的）是害群之马，又可恶又蠢笨，应该剔除出去；

D. 对你公司的股东们声称公司盈利丰厚，可实际上你的公司已经濒临破产；

E. 对客户声称你们公司卖的瓶装水是"取自法国南部某处的纯净泉水"，可实际上就是水龙头里的水。

· "言论自由"是不是应该遵守一定的法规限制？在确保言论自由的前提下，你会设定些什么样的法规限制呢？

话题 6
权势之梦

讨论

· 假如说，你变成了英国王室的公主殿下或是王子殿下。你可以一辈子生活在华美的宫殿里，出入各种晚会，到世界各地游玩。不过，想想这事不好的一面：该怎么面对媒体的追踪呢？而且因为你的身份，你这一生的轨迹就算是定了。这角色你要不要当？

· 假如说，你变成了这世界的主宰。你权利无限，可以对任何人做任何事，也可以跟任何人一起做任何事。不过，想想这事不好的一面：这么生活 20 年之后，你会变成什么样的人？这角色你要不要当？

· 假如说，你变成了美国总统。你有权有势，有名有望，影响力非常大，能给世界带来很大的不同。不过，想想这事不好的一面：你的个人生命安全，还有你家人的安全。这角色你要不要当？

· 假如说，你变成了青少年的偶像。你的专辑最为走红，你音乐会的门票场场一抢而空，你的画像印在日历上，挂满了每个少男少女床边的墙头。不过，想想这事不好的一面：你要怎么应付出风头、当名人的风险呢？该怎么应对轻易成名带给你的诱惑？这角色你要不要当？

· 假如说，你买彩票中了大奖，2亿大洋送到了你家门口，满眼的钱、钱、钱。可是，知道吗，这事儿还是有不好的一面：你的家人该怎么适应这突如其来的暴富？你会变成一个什么样的人？你还会有朋友吗？你的"朋友"看中的会不会是你的银子？这角色你要不要当？

话题 7
媒体

讨论

· 假如说有这么一个地方，全国上下没有一家报社，没有新闻台，也没有互联网。

A. 这跟我们的现行社会相比会有些什么不同？

B. 这里的民众该怎么知道他们的国家里发生了些什么事情呢？

C. 这里的民众会不会想要知道这些事情呢？

D. 这样的社会会是公平的吗？

· 假如说有这么一个地方，全国绝大多数的报社和新闻台都被掌握在一个媒体大鳄手里。我们假设这个大鳄名叫弗格斯·布朗好了。

A. 假如弗格斯·布朗认定地球变暖已经缓解，温度已经降了下来，于是他让自己手下所有媒体都统统报道有关地球温度已经下降的消息，你觉得会出现什么结果？是否大多数民众也都会相信地球温度已经下降了？

B. 假如弗格斯·布朗再也不登载任何新闻报道，所有媒体上只有些明星、名人的轶闻趣事，以及各种肥皂剧故事，你觉得会出现什么结果？民众是否会变得不那么聪敏了？

C. 假如弗格斯·布朗讨厌美国的共和党总统竞选人，而喜欢他们的民主党总统竞选人，他有没有办法能鼓动民众投民主党的票呢？

D. 假如弗格斯·布朗决定自己竞选总统，你觉得他能成功吗？他会怎么做？为什么会成功？

E. 你觉得弗格斯·布朗是不是比总统还有权势？

· 你觉得是否应该由政府来接管这些报社？为什么应该？为什么不应该？

· 每一座城市里是否应该拥有多家报社，而且每家报社

的拥有者都应该各不相同？假如每座城市只有一家报社，
会是什么情形呢？

· 假如说，有一家报社的记者采访了一个人，这人坦诚
自己抢劫了一家银行。他还告诉记者说，他发现这家银
行多年来一直在偷偷窃取所有该行账户中的钱财。该记
者发表了这篇采访报道。警察找到该记者，要求她提供
那位盗贼的姓名，但是她拒绝透露。于是警察威胁她说，
要把她投到监狱里去。

A. 你觉得这位记者应不应该透露那个盗贼的姓名？为什
么应该？为什么不应该？

B. 假如这位记者怎么都不肯透露那人姓名，你觉得她是
否应该去蹲监狱？

C. 到底谁的罪行更恶劣呢？是那家偷窃每个账户里资金
的银行，还是这个从银行钱库里偷了钱的盗贼呢？

· 假如说，有一位记者发现，某位商人实际上是个骗子，
对他的客户弄虚作假。为了能发掘出更多证据来，这位
记者应不应该做下面这些事情：

A. 冒充一名客户，好不好？

B. 假装为了其他事情采访这位商人，问些轻松的问题，然后半道忽然提出些关于他欺诈客户的尖锐问题，行不行？

C. 偷偷翻检这位商人的垃圾桶，好不好？

D. 在这位商人家中安装窃听器，用黑客技术窃取他的电子邮件，行不行？

E. 假意去和这位商人的老婆交朋友，以图从她那里套话来证实她先生的所作所为，好不好？

话题 8

国税

背景介绍

国税，指的是民众（包括个人以及公司）缴纳给政府的一笔钱。不按规定纳税的人或公司，会受到国家的惩罚。国家用这笔钱为国民提供广泛的服务，包括修筑公路、医院、学校、下水道，以及用于国防、科研乃至社会保险等。

讨论

· 民众应不应该缴纳国税？为什么应该？为什么不应该？

· 假如每个人都不再纳税，会出现什么情形呢？

· 假如每个人都缴纳双份的国税，会出现什么情形呢？

· 等你长大了、能挣钱了，你要不要纳税？

· 许多人不愿意纳税，他们想方设法偷税漏税。你觉得为什么会出现这样的情况？这种情况应该出现吗？

· 有的人根本就拒不纳税，而这往往是违背法律的。这样的人应该怎么办？让他们去蹲监狱吗？

· 假如说政府耗资 10 亿修建了一条公路，然后，每辆驶过这条路的车每次都须缴费 5 块钱。这算不算是纳税呢？还是说，应该算是对这条路的使用费？

· 大多数国家的税收都是按渐进税率收取的，这意思是说你也许应该：

1. 为你总收入的头一笔 4 万元缴纳 10% 的税；

2. 为你总收入的第二笔 4 万元缴纳 20% 的税；

3. 为你总收入的第三笔 4 万元缴纳 30% 的税；以此类推。

你认不认同这样的方式？

支持这种方式的人说，收入高的人就应该多纳税，因为任何人收入的第一笔 4 万元都会用来买生活必需品，比如食物，而如果一个人的收入是 40 万元，那么第 40 万元往往会用在非生活必需品上，比如去度假，或者购买奢侈品。也就是说，人们对第 40 万元的需求是无关紧要的，因此也就应该为之缴纳更多的税金。你怎么看这种观点呢？认不认同呢？为什么？

反对这种方式的人说，"统一税率"才是合理的，比如说每个人每一块钱收入的 20%。他们说，每个人都应该平等交税，因为每个人都平等地使用道路、学校、医院等。你怎么看这种观点呢？认不认同呢？

你认为纳税的"最高额度"应该是多少？ 40%？ 51%？ 90%？

· 英格兰曾经两次要求收取"人头税"，也就是每个人每年都向国家缴纳一笔同样额度的税金。第一次是 1381年，第二次是 1990 年，不过，每一次都引起了社会动乱。你是怎么看人头税和渐进税率式纳税这两种不同收税方式的？

· 许多国家都设有"遗产税"，也就是每个死者的遗产，比如说房子，在移交给死者的孩子或其他受益人之前，需要先向国家缴纳税金。这种做法你觉得好不好？为什么好？为什么不好？

背景介绍

罗伯特·诺齐克（Robert Nozick）[1] 是一位信奉自由主义的哲学家，他认为，强行要求人们把自己挣的钱交出来给别人用，是不可容忍的做法。他甚至认为这简直就跟奴隶制差不多，都是强迫一个人为另一个人工作。这奴隶主就是这国家中的其他所有人，每个人都成了你的主子之一。

更多讨论

· 你怎么看罗伯特·诺齐克的观点？国税政策是错误的吗？

---

1 罗伯特·诺齐克（1938—2002），美国哲学家，哈佛大学教授。——译者注

· 假如你生活的国家里没有人纳税，该会是什么情形呢？你愿意生活在那样的地方吗？

· 你看这样做好不好：原则上你是同意纳税的，不过，你会想办法寻找法律漏洞或者干脆违法，好尽量少缴纳一些税金。比如有些人就会把他们的资产或者商号迁到纳税率更低的外国去。应不应该允许这样的做法？如果不应该允许，那么政府对此可以采取些什么措施呢？

话题 9
慈善救济

背景介绍

超过 10 亿的民众，也就是全世界人口的 20%，仍生活在"极端贫困"之中。按照世界银行 2005 年颁布的定义，"极端贫困"指的是每人每天生活费用在 1.25 美元以下的生活水平。这条水准线远远低于一个家庭对最基本的食物和住所的需求，更别说满足他们最基本的人权了。

讨论

· 有钱的人是否应该留些钱出来，好用来帮助生活在这个世界上其他地方的食不果腹的穷人？为什么应该？为什么不应该？

· 应该拿出什么用途的钱来帮助别人呢？

A. 你打算用来买股票的钱？

B. 你打算用来度假的钱？

C. 你打算用来看电影的钱？

D. 你打算用来付房租的钱？

E. 你打算用来买肉吃的钱？或买其他稍微贵点儿的食物
　的钱？

· 你用自家挣来的钱买东西时，哪些东西是生活必不可
少的？哪些东西是锦上添花的？你是否应该把锦上添花
的这些消费用在别的地方？

· 有钱的人是否应该留些钱出来，用来支持他们自己国
家中的癌症研究？

· 向极端贫困的人捐钱，让他们能吃上饭，这会不会养
成那些人对外来捐助的依赖性？是不是只要他们能有饭
吃就好，不必在乎他们是否会养成依赖性？

背景介绍

奥诺拉·奥尼尔（Onora O'Neill）[1]曾写过一篇文章，叫《地球这艘救生艇》（*Life Boat Earth*）。在这篇文章中，她把地球比作一艘救生艇。艇上有一小群人，也有足够（甚至稍有余裕）的生存必需品。他们在大海上轻轻地颠簸着，等待着救援船来救他们。离这救生艇仅 10 米远的海水中，有人快要沉下去了，请求艇上的人拉他上来。可是，无人理会。救生艇的艇长说，那人溺水并非他们这些人的过错，所以他们没有义务对此采取任何行动。奥诺拉·奥尼尔写道，这艘救生艇的艇长实在丧尽天良，而这恰恰跟地球上那些发达国家中的人不肯稍微花点力气救助其他地区的人一样。

更多讨论

· 你觉得奥诺拉·奥尼尔拿救生艇来形容地球人的这种说法，有没有道理？

---

1 奥诺拉·奥尼尔（1941 — ），英国女哲学家，剑桥大学荣休教授，英国上议院议员。——译者注

· 你有没有从这个比喻中看出漏洞来？如果你没看出什么漏洞来（或者那漏洞并不大），那么这个比喻有没有改变你对收入和慈善救济的看法呢？

· 只要是自己挣来的钱，是不是就有资格随便处置了？比如说，有人挣得清清白白的钱，他是不是就有资格在自家院里点火烧钱玩儿？

· 人是否负有道德义务把自己的钱用在某些特定的用途上？

· 你们一家人讨论过这一话题之后，有没有打算做点儿什么？

话题 10

医疗保健和医疗保险

讨论

· 假如说，有个没有钱的人摔了一跤，跌断了胳膊和腿。进医院是要花钱的。你觉得应该由政府掏钱送他就医，还是任他断着胳膊腿？为什么？

· 假如说，一个人得了某种慢性恶疾，比如癌症，治好这病的可能性大约 50%，不过，却需要花好几十万元。

A. 这笔费用该由谁支付？

B. 假如这人自己能付得起，不过为了付这笔钱他必须卖掉自己的房子，用光几乎所有积蓄，该不该仍由他付呢？还是说，应该由政府替他付？

C. 假如这人完全付不起，是否应该由政府替他付？

D. 假如一个人有钱，可需倾家荡产地支付这笔费用；另一个人没钱，因此政府会替他付。这样是否公平？是不是每个人都该获得政府的资助？还是说，政府应该谁都不帮？

· 假如说有人得了一种罕见的癌症，如果做治疗需要耗费好几十万元，而治愈率仅有 10%。政府是否应该支付这笔费用？

· 假如说有人得了癌症，治好他需要花费 50 万元。同样这笔钱，若是用于救助非洲饥民，能让好几百人免于饿死。这笔钱该怎么用？为什么？

· 民众可以购买医疗保险，一旦患了重病，保险公司会替他们支付很大一部分的医疗费用。可是，如果有人买不起医疗保险呢？

A. 是否应该由政府强制他买保险？

B. 如果他不买保险，政府是否应该替他承担一部分甚至全部医疗费用？

C. 他公司的老板是否应该替他买保险？

· 是否可以允许以盈利为目的的私营公司经营医疗保险?

· 是否应该由政府提供医疗保险?为什么应该?为什么不应该?这是不是政府的职责?

· 是否应该由"非盈利"机构向民众提供医疗保险?为什么应该?为什么不应该?

背景介绍

2011 年,美国有 58% 的民众购买了私营公司提供的医疗保险。其余的人,要么在看病时自己支付所有费用,要么依赖政府提供的医疗补助,也就是"白卡"(Medicaid),不过这种政府补助总的来说仅限于提供给非常贫穷的人。2010 年,美国政府通过了一项健保法案,强制性要求民众购买医疗保险,与此同时,所有经营医疗保险的公司都必须接纳任何人的购买要求,而不允许像以前那样,拒绝接受生大病或者很可能生大病的人购买保险。这意味着美国几乎全民都能获得保险。

英国有一个"全民健康计划"(National Health Scheme),

为英国境内所有居民提供医保服务。那已经不是"保险"了，而是全民保障。

澳大利亚的做法是每个人要缴纳 1.5% 的所得税充作全民医疗保障的基金，叫"国民医保"（Medicare）。民众还须另外购买由私营公司提供的医疗保险，如果到了 31 岁时还没有购买这种保险，政府就会提高他的纳税额度。这种做法能有效促使民众购买额外的医疗保险。

更多讨论

· 是否应该像美国那样，要求民众购买私营公司提供的医疗保险？还是觉得像英国那样，提供"全民健康计划"来得更合理些？

· 有人认为，买或者不买保险，应该归民众自己决定。可也有人认为，每个人都必须买保险。你怎么看呢？

· 在美国，近几年来，医疗保健已经成为一个热门政治辩论题。你知道他们争论的是什么吗？每一方提出的论点都有些什么？

话题 11

公民身份

背景介绍

公民是国家的一名成员。有了公民身份，就意味着一个人和这个国家之间有了真正意义上的关系，意味着这个人的权利（如受到保护）和义务（如参与表决）。公民这个概念是从古希腊开始的，那时，要成为该国某个城市里的一位公民，除了出生于一个公民家庭之外别无他途。奴隶和外国人是不允许成为其公民的。

讨论

· 作为国家公民之一，你都负有哪些职责？比如说你：

A.是否必须向国家纳税；

B. 是否必须参加民主选举，为选拔国家领导人投票；

C. 年轻时是否必须为保卫国家服兵役 3 年；

D. 是否必须偶尔加入陪审团，帮助裁决受审人是无辜还是有罪；

E. 是否应该义务参加一些慈济活动。

· 作为国家公民之一，你都享有哪些权利？是否包括了：

A. 其他人依法给予你保护；

B. 民主；

C. 让没有公民身份的人做你的用人。

背景介绍

古雅典市的伯里克利（Pericles）[1] 曾说："我们不会说一个不关心政治的人是一个只关心自己事情的人，我们只会说这里的一切都不关他的事情了。"

---

1 伯里克利（约公元前 495—公元前 429），古希腊著名政治家。——译者注

在当代社会里，公民的概念分作两种。一种叫作"自由个人主义者"，强调的是个人的经济生活。持这种观点的人认为，人应该遵纪守法，认真纳税，过好自己的生活。另一种叫作"公民共和主义者"，含义更宽广，强调的是一个人的政治生活。持这种观点的人认为，人应该在民主政治中担当一定的角色，要关心公共事务。

更多讨论

· 公民是否应该有责任对政治感兴趣、持一定的政治观点？为什么应该？为什么不应该？

· 公民是否应该有责任为国家做出一定贡献？什么都不做行不行呢？

· 假如这世界上的每一个人都是"自由个人主义者"，该会是什么样子？假如这世界上的每一个人都是"公民共和主义者"，该会是什么样子？

· 成为一名公民，对你来说会有多重要？假如失去了公民身份，你会有什么感受？

第 3 章

生命是什么呢

健全孩子的生命观

话题 1

人之初性本善吗

背景介绍

你乘坐的一架波音 747 飞机出事儿了，掉到了一个天堂岛上，好在没有任何伤亡。你走出了飞机，看到的是一片迷人的沙滩，秀丽的林木，还有非常丰富的健康食品（主要是水果），足够所有人需用。不承想飞机的货舱里居然装有好几箱子的种子，麦子、稻谷、玉米都有。不过，所有的通信设施却是损坏殆尽，没有人能知道你们掉到了这里。

讨论

· 你觉得，最初几天之内你们这帮人当中会不会有人出来充当头领？会是谁呢？他们可能是些什么样的人呢？

· 最初的几个星期，你们这帮人可能会做些什么呢？比如说，全聚集在一起讨论？还是各自忙着圈定自己的地盘？

· 假如说，一星期之后，又有人从飞机货舱里翻出了一箱子枪械。事情会不会从此有了一些不同？比如说呢？

· 你觉得在这天堂岛上，过了

A. 一个月之后　　　　B. 一年之后　　　　C.10 年之后

你们的岛上生活会有些什么不同？

· 假如说，数十万年之前的非洲原始人始终都住在山洞和丛林里，那么他们现在的生活会是怎样的？他们会比我们现在生活得更好还是更糟？

· 你觉得，是大城市里的人（每个不同的人都能有一个庞大的同类人群体）会更友善？还是小城镇里的人（每个人都能相互认识）会更友善？

· 学前班的事情你还记得多少？那时候的小朋友都是怎么相处的？跟他们长大了的现在比，有些什么不同？

背景介绍

人之初到底是性本善还是性本恶，不同的哲学家对此的看法各不相同。让 - 雅克·卢梭（Jean-Jacques Rousseau）[1] 认为，当人类处于小群体生活的"自然状态"时，也就是处于半野蛮半文明状态中时，才会让人性得到最好的展现。他认为这样的人类应该叫作"高尚的野蛮人"，并且认为正是科技与文明的演进才使得人类堕落了。

托马斯·霍布斯（Thomas Hobbes）[2] 的想法却与此几乎完全相反。他坚信原始状态的人类是最糟糕的，生活在这种环境中的人一定会是"孤独的，贫穷的，肮脏的，残酷的，短寿的"。他认为，处于非文明社会中的人只会屈从于人类所有的劣根性。每个人都想得到自己想要的东西，在这种欲望的驱动之下，他们会毫不顾及别人的利益。在这里，不会有艺术，不会有文化，也不会有工业。他觉得，唯一的解决办法就是让人类走出丛林，来到"社会"（也叫"共同体"）中生活。在社会群体中，

1　让·雅克·卢梭（1712—1778），法国 18 世纪伟大的启蒙思想家、哲学家、教育家、文学家。——译者注

2　托马斯·霍布斯（1588—1679），17 世纪英国政治学、哲学家。——译者注

人们会放弃想要什么就得到什么的自由，但同时也会得到更多的对自身利益的保护。

更多讨论

· 你更愿意生活在哪种环境中呢？是"高尚的野蛮人"生活的地方，还是我们的现代社会？为什么呢？

· 假如你可以生活在一个没有任何约束的地方，没有家长、老师、警察来朝你指手画脚，你觉得，你的本性会不会出现什么变化？你有可能会变成一个什么样的人？会不会更喜欢打架？会不会更关心别人？会不会更加贪婪？会不会变成一个更好的人？或者是更坏的人？

· 你是更认同卢梭的看法，还是霍布斯的看法？你觉得人在什么样的生活环境下才会展露出人类最好的本性？是在"高尚的野蛮人"的生活环境之中，还是在像我们现在这样的社会环境之中？

· 生活中什么是更重要的？是做个更好的人，更快乐的人，还是更成功的人呢？

· 如果"人之初性本善",那么我们的社会应该做些什么来确保我们能一直保持良好的本性?

· 如果"人之初性本恶"(或至少是有瑕疵的),那么我们的社会应该做些什么来确保我们都变成更好的人?

· 你对人性是怎么看的?抱悲观态度还是乐观态度,抑或在这两者之间的某个位置?具体会是在哪里呢?

话题 2
人生的意义

讨论

· 人生的意义是什么?（当真，不开玩笑。）

· 狗狗的一生有没有什么意义? 猴子呢? 鲸鱼呢? 蚂蚁呢?

· 假如人生没有意义，那该会是什么情形? 也就是说，对社会而言，对你的家庭而言，这会有什么影响?

· 有些人认为，人生的意义是:

A. 爱上帝，为上帝效劳;

B. 寻欢作乐，享受生活;

C. 追求权势地位和财富;

D. 帮助他人，行善积德；

E. 实现个人梦想，活出最完美的自己；

F. 为延续人类做贡献；

G. 获得知识与智慧；

H. 虚无，即没有什么人生意义；

I. 就是为了寻找这一生的意义。

你怎么看待上面这些有关人生意义的看法呢？有没有觉得你想要追求的不只是其中的一两条？

· 你觉得为什么有好多人会不去在乎人生的意义呢？

· 人到底为什么要去寻求人生的意义呢？

背景介绍

柏拉图认为，人生的意义在于追求最高层次的知识，并且在这一追求过程中，让自己能更接近美好的"理想"境界。

亚里士多德认为，人生的意义在于努力追求品德上最高层次的完美。如果人人都这么去努力，那就能实现他所说的"人类的繁荣昌盛"（Eudamonia）了，也就是达到一种内容丰富而完美的终极幸福。

耶稣基督（Jesus Christ）认为，人生的意义在于热爱上帝，为上帝效劳；还有就是你希望别人怎么对待你，你就要怎么去对待他人。

佛陀（Buddha）认为，人生的意义在于帮助他人脱离苦海。而一个人若想脱离苦海，需要让自己远离痴念（即，执着于财富、依恋于他人等）才行，因为正是这些执着与依恋才导致了人的痛苦。

康德（Immanuel Kant）认为，人生的意义在于人的使命。他认为人有"无条件的道德责任"，并把这责任称之为"绝对命令"。这意味着你可以通过自问"假如每个人都这样做会怎么样"来确定你的某桩行为是好还是坏。比如说，偷窃、撒谎、捐赠东西给慈善机构等。

阿尔贝·加缪（Albert Camus）[1]是一位"虚无主义者"，他认为，人生没有意义，而你所能做的最好的事情，就是在这荒诞的宇宙间能活得有尊严一些。

更多讨论

· 针对上述哲学家以及宗教典范的不同观点，你有什么看法？哪些能最有助于你的思考？

· 与普通大众相比，你觉得，那些闻名于世的哲学家、统治者、名演员等人，是不是活得更有意义一些？毕竟，他们影响了千千万万的普通民众。你说呢？

· "意义"这个词是什么意思？会不会是我们被文字捉弄了，折腾出"意义"这样的字眼来，害得我们去思考这所谓的"意义"？（如果你被这问题绕晕了，那就别想这个问题了。）

· 假如说世上没有一种客观的、大家都能认同的价值观

1　阿尔贝·加缪（1913—1960），法国作家、哲学家，存在主义文学及"荒诞哲学"的代表人物。——译者注

存在，那么，这是否意味着人生就没有切实意义？

· 假如说你其实可以永生不死，这是否意味着你在地球上活这一世的人生意义就变得更小了？或者反过来说，变得更大了？

· 当初这些哲学家们写下这些哲理时，他们以为这天地间只有地球（或者少数几颗星球）。可是现在我们已经知道，银河系中就有亿万颗恒星，而宇宙间更有亿万座这样的庞大星系。这宇宙变得这么大，人生的意义是不是也应该不同于他们所说的了？为什么？

· 道格拉斯·亚当斯（Douglas Adams）[1] 写了一本书，名叫《银河系漫游指南》（*The Hitchhiker's Guide to the Galaxy*）。在这本书中他就人生的意义给出了一个答案，那就是非常著名的"42"[2]。你觉得他为什么要这么写？

1　道格拉斯·亚当斯（1952—2001），英国著名广播剧作家、音乐家。——译者注

2　在这个故事中，一个具有高度智慧的跨维度生物种族，为了找出一个能够回答包括生命意义等终极问题在内的简单答案，制造了一台名叫"深思"超级电脑来计算。深思花费750万年来计算和验证，最后给出的答案是42。该书出版后，该数字引发众多读者迷思，纷纷尝试解释42的含义。——译者注

他想表达的人生的意义究竟是什么呢?

· 假如说你能找到一种对你来说是有意义的意义,这是
否就已经可以了呢?你在不在乎别人是否也能认同你的
观点?

话题 3
爱

讨论

· 对你最喜欢的电视节目的爱，与你对家人的爱相比，有些什么不同？

· 你可不可以"爱"你的朋友？对朋友的爱跟对爸爸妈妈的爱相比，有些什么不同？

· 你可不可以爱你不认识的人，比如说大影星或是走红歌星？

· 你可不可以像爱人类一样地爱动物（比如你的宠物狗狗）？会不会更爱动物一些？你的小宠物也会回你以爱吗？

· 上帝的爱跟人与人之间的爱相比，有些什么不同之处？

有什么相同之处?

· 人的爱会不会是总量有限的? 假如你爸爸妈妈给你添了弟弟妹妹, 他们会不会只好把对你的爱分出去一些给弟弟妹妹, 因此变得少爱你一些了? 还是说, 他们能找出更多的爱来? 解释一下你的理由。

· 夫妻常常会在年轻的时候"跌入爱河", 然后在一起生活 50 多年。他们之间的爱, 到了 50 年之后时, 是否仍然跟初相爱时是一样的? 你爷爷奶奶还生活在一起吗? 他们现在是怎么个相爱法呢?

· 假如说有这样一个社会团体, 他们规定结婚不是两个人生活在一起, 而是 8 个人共同生活在一起, 那么, 这 8 个人之间的爱, 跟两个人之间的爱相比, 会有些什么相同之处和不同之处? 这会不会是一种更好的婚姻模式呢?

· 进了部队而且要面对同队战友死亡的士兵们, 在谈及爱时, 往往会说他们对袍泽的爱跟对家人的爱一样深厚。这两种感情是一回事吗? 还是说, 有什么不同?

· "对生活的爱"跟"对某某人的爱"是一样的吗? 怎

么个不一样法呢？

·有没有可能做到"爱"你的国家，乃至"爱"整个人类呢？

·在描述美国人时，人们通常会说他们"热爱自由"。这又是一种什么样的爱呢？是一种比对朋友、对家人的爱还要强烈的爱吗？[1]

·爱会不会只不过是一种脑激素分泌及其带来的身体反应呢？也就是说，分泌多巴胺、心跳加速、面色潮红，等等？还是说，爱并非仅仅是身体反应和激素分泌？

·还有人说他"爱思考"。你怎么理解这个爱呢？

·假如说这世界上没有任何一种爱存在，那会是怎样一种情形呢？那样的世界能有效运行下去吗？会不会比我们的世界运行得还要更好一些？

·动物们会不会彼此相爱呢？

·既然电脑能"学会"如何思考，那是不是也能"学会"

1　"不自由毋宁死"这句著名的话，出自美国人帕特里克·亨利（Patrick Henry）在 1775 年的一次讲演。——译者注

如何去爱呢？

背景介绍

英语中，"爱"（love）这个词涵盖了许多种虽然相关但不尽相同的情感。而古希腊语（以及古罗马语）中却会用不同的词来表达不同的爱的情感，使得古希腊人更容易表达和理解不同的爱。这些词语有：

Agape（阿嘎佩）：这指的是普遍意义上的、对人类大众的一种精神层面上的爱，也是指对生活的爱，对上帝的爱。我们从《圣经》上就能看到这样的爱，比如说，《马太福音》第 22 章 37 节，说基督徒应该"爱你的邻居如同爱你自己一般"。

Storge（斯多路耶）：指的是那种兄弟姐妹般的、拥有强烈共同情谊的感情。既可以是战友袍泽之情，也可以是校友同窗之谊，或是其他带有深切共同感受的情谊。

Philia（弗依里阿）：指的是你和家中亲人之间、关系最密切的朋友之间的深厚感情纽带。有时候，Philia 可以和

Storge 合在一起使用。

Eros（依落斯）：是指那罗曼蒂克的、让你满腔炽热也让其他一切都黯然失色的爱，是当你遇到某个人时变得"神魂颠倒"的那种爱，是能让你一整天都枯守在"脸书"上眼巴巴地等待某人一条短信的那种爱，也是绝大多数的歌曲和电影所讴歌的那种爱。实际上，许多古希腊人把爱到了极端的这种感情，也就是"痴迷"，看作是一种折磨，一种酷刑。

脑神经科学家们已经弄明白了在人在体验到爱的情感时会分泌出哪些脑激素来。多巴胺、睾酮、血清素、肾上腺素，都跟罗曼蒂克那种满腔炽热的爱相关联，这时候人会面色潮红、心跳加速。而催产素和垂体后叶素则跟"相依相存"的、人与人之间长久的纽带式情感相关联。

更多讨论

· 如果你只能够拥有两种古希腊语所表达的那种爱，你会选择哪两种呢?

· 古希腊语对"爱"的不同表达，是否加深了你对"爱"的理解和思考？学了这几个古希腊词语之后，你对上面的有关"爱"的讨论题的回答，是否有了一些不同？

· 假如说，你在地铁里，给随便两个相向而坐的人注射了好多的多巴胺和血清素，使这两个人当即"跌入爱河"，你觉得，这样的爱是不是真爱呢？为什么？

· 假如说一对夫妇已经马上就要离婚了，你去给他俩注射了多巴胺和血清素，使得他俩重新跌入了爱河，你觉得，这算不算是做了一件好事呢？

· 到底是激素产生了爱？还是爱产生了激素？

话题 4
朋友之情

讨论

· 你最要好的朋友是谁?

· 你最要好的朋友身上什么地方最让你喜欢?

· 他们为什么会是你最要好的朋友?

· 你有多少个最要好的朋友? 为什么你会这么认为?

· 有没有什么是你家人不能给你、但朋友能给你的? 是些什么呢?

· 对你的朋友们来说,你是不是一个好的朋友? 要怎样才能做一个好的朋友呢?

· 你应不应该跟那些总是惹祸的人继续做朋友? 为什么

应该？为什么不应该？

· 你之所以成为你，是不是因为受了朋友的影响呢？若是的话，说说看他们是怎么影响了你的？这是不是意味着你不应该跟那些惹了祸事的人继续做朋友了，因为他们可能会带坏你？

· 假如说你的一个好朋友正在做一件很危险的事，比如说，站在滑板上，抓住公共汽车的尾杆让汽车带着他跑。你要不要告诉他爸爸妈妈呢？你要不要想些别的办法阻止他那么做呢？如果他不听你的，该怎么办呢？

· 你是否应该对你的朋友负责任？

· 假如说有个最要好的朋友让你有些腻味了，而另一个人你却越来越喜欢，那可不可以换一下，让那另一个人做你最要好的朋友呢？

· 有没有可能爱你的朋友呢？爱你的好朋友，爱你的父母，爱你的男朋友或是女朋友，这三者之间会有哪些相同之处，哪些不同之处呢？（请参照本章话题 3：爱）

· 有没有可能仅仅通过社交媒体就成为好朋友呢？为什

么能？为什么不能？

背景介绍

亚里士多德在他的《尼各马科伦理学》第8卷中曾经说过，友情可分作3种，尽管你与某个人交朋友的原因可以不只限于其中1种。

1. 愉悦之友情，即你与之相处时彼此都感到愉快；

2. 有用之友情，即你因对方于你有用而做了朋友；

3. 有德之友情，即你因对方品德高洁而做了朋友。

亚里士多德还说，大多数人更愿意被别人爱而非给予别人爱。可是，能够长久持续的真正友情，须是朋友双方都更注重付出自己的爱，而非更贪图对方的爱；而且，还要有建立在欣赏朋友德行之上的友情。

他还说，只有少数几个人能成为你真正的朋友；还有些人是你不可能结成为朋友的，因为彼此之间身份地位相差太远，比如说，父母与孩子，掌权者与从属者。

更多讨论

· 想出几个你最要好的朋友来，并与亚里士多德所说的 3 种友情相比较。说说看，你与这几个人之间的友情主要属于哪种？愉悦型？有用型？还是美德型？

· 你为什么爱你的朋友？是因为他们能给你什么，还是因为他们有优点？

· 假如说你的朋友喜欢打篮球，可你却喜欢打板球，那你要不要也学着对篮球感兴趣，这样你才能跟朋友享有共同的乐趣？还是说，你要换一个喜欢打板球的人来做朋友？

· 孩子与他们的父母能成为朋友吗？为什么能？为什么不能？

· 你能和你的狗狗猫猫做最要好的朋友吗？为什么能？为什么不能？

· 我们一定要有朋友吗？人可以没有朋友而怡然自得吗？

话题 5

不同的家庭模式

背景介绍

我们现有的家庭模式通常是一位或者两位成年人带着孩子一起生活。这孩子往往是这对成年人（或一个人）的亲生子女。这就叫作"核心家庭"。不过，我们不难想象，不同的社会模式会需要不同的家庭模式；而目前被我们当作是理所当然的家庭模式，很值得我们认真反思一下。

讨论

· 假如说有这样一种家庭体系：家中有 8 个成年人住在一起。一般来说，这 8 个成年人会带着大约 20 个孩子，共同生活在一个大院子里，这些孩子也都是他们相互生养的孩子。你愿不愿意生活在这样的家庭模式中呢？这样的生活环境，有些什么好处？有些什么坏处？

· 假如说有这样一种家庭体系：家中父母带了孩子一起生活；不过，家中所有的叔伯姑舅、堂兄弟表姐妹乃至好几代的亲戚全都生活在同一个族群里。你的姨妈们、姑姑们、舅舅们、叔父们，年长的堂兄表姐什么的，全都像你亲生父母那般地呵护你。你愿不愿意生活在这样的家庭模式中呢？这样的生活环境，有些什么好处？有些什么坏处？

· 假如说有这样一种家庭体系：几乎跟第 2 条所说的族群一样，唯一不同的地方是没有谁告诉你，谁是你的亲生父母；相反，他们告诉你说，家中的 10 至 15 个长辈全都是你的"父母"，都一样非常爱你。你愿不愿意生活在这样的家庭模式中呢？这样的生活环境，有些什么好处？有些什么坏处？

· 假如说有这样一种社会体系：一个社区里几百人生活在一起，吃饭的时候大家全部围坐在一张特别长的长桌上，夜里孩子们则一起睡在集体宿舍里（当然有舍长监管），等等。你愿不愿意生活在这样的社会模式中呢？这样的生活环境，有些什么好处？有些什么坏处？

· 假如说有这样一种社会体系：由于政府认为要给每个孩子以"均等的机会"，因此，所有孩子必须在年满6岁时就离开各自的父母，住到由舍长监管的小型集体宿舍里，一年只有几次机会能见到爸爸妈妈。你愿不愿意生活在这样的社会模式中呢？这样的生活环境，有些什么好处？有些什么坏处？

· 假如说有这样一种社会体系：每家每户都只有一对或者一位家长带着自己的孩子生活，再也没有其他人。所有的事情，包括做饭、写作业、睡觉等等，全都只可以在这个核心家庭中进行。你愿不愿意生活在这样的社会模式中呢？这样的生活环境，有些什么好处？有些什么坏处？

背景介绍

在历史上，有些社会就不以传统的核心家庭为生活单元。比如古斯巴达，社会体系就更接近于上述第5条的模式。

成年男女不可以住在一起，而孩子满了 7 岁就要住到管教严格的集体宿舍里去。为了磨砺心性，孩子们必须分毫不错地遵守纪律，否则会遭到严厉体罚。古斯巴达的士兵还须在女人生孩子时前往检查新生儿是否足够强壮，若是遇到不够强壮的新生儿，他们就会把孩子带走，扔到山头上任其死去。

在澳大利亚以及非洲的许多部落里，则有类似于上述第 2 条那样的很复杂的亲戚关系。每个家庭可以由 10 至 20 人组成，而需要围猎或者举行庆典时，这些家庭就会加入到部落群体当中，数百人一起活动。也有大约由 50 个人组成的小型家族部落。在澳大利亚土著部落中，亲属关系之间的不同称谓多达 70 多种，这比欧洲社会中那简单的 aunt（和父母同辈的女性亲戚，包括姑姑、姨母、婶婶等）、uncle（和父母同辈的男性亲戚，包括叔父、舅父、姑父等）和 cousin（和自己同辈的男女亲戚，包括堂兄弟、表姐妹等）的亲戚称谓要远远复杂得多。

话题 6

生命是什么呢

讨论

· 假如说，有个外星人来到了地球上，弄不懂什么叫"生命"。它指着一块石头问你，那是不是有生命的？你说不是。然后它指着一棵树问你，那是不是有生命的？你说是的。它又问你树和石头有什么不同。你该怎么告诉它呢？

· 这个外星人指着你的朋友问你，他是不是有生命的？你说是的。然后它指着你正在看的一部电影里的一个人物问你，他是不是有生命的？你说不是。它又问你这两者有什么不同。你该怎么告诉它呢？

· 这个外星人指着你的狗狗问你，它是不是有生命的？你说是的。然后它指着你的一个发条玩具老鼠问你，那是不是有生命的？你说不是。它又问你这两者有什么不同。你该怎么告诉它呢？

· 这个外星人打开了它的胸腔，让你看里面的机械构造。原来这是一个非常先进的机器人。它问你，它是不是有生命的？你该怎么告诉它呢？

· 你是不是有生命的？为什么？你是怎么知道的？

· 你会根据什么来判断地球上的下列事物是不是有生命的呢？

A. 一只小动物　　　B. 一棵树

C. 一张木头桌子　　D. 一种细菌

E. 一种病毒　　　　F. 一种电脑病毒

G. 一颗种子　　　　H. 一个鸡蛋

I. 一只茶杯　　　　J. 一块珊瑚

K. 一簇火焰　　　　L. 一个人的记忆

M. 一本书上的观点

· 地球是不是有生命的？宇宙是不是有生命的？

· 你觉得动物、植物会不会更具生命力一些？为什么会？为什么不会？

· 人是不是比细菌或是一块水潭边的黏滑青苔更具生命力一些？

· 一个刚刚在奥林匹克运动会上赢得了百米冲刺的健康运动员，是不是比一个 90 岁了的、就快要咽气的老人更具生命力一些？还是说，在这一刻，他俩都活着，因此一样都拥有生命力？

· 某样东西有没有可能会比另外一样更有生命一些呢？还是说，一样东西要么是"有生命的"，要么就是"没生命的"？

· 有没有可能一部非常先进的电脑能变得具有生命？为什么能？为什么不能？

· 有没有可能一套非常先进的电脑游戏中的角色能变得具有生命？假如说这套游戏中的角色被设计得可以自己"思考"了，算不算有生命了呢？

话题 7
变老了

背景介绍

李洛伊·背包人·佩吉（Leroy Robert "Satchel" Paige）[1]：变老是一个令人非常苦恼的问题。可如果你并不为之苦恼，那就根本不是个问题。

拉尔夫·沃尔多·爱默生（Ralph Waldo Emerson）[2]：岁月会教给你很多当日尚不能知晓的事情。

道格拉斯·麦克阿瑟（Douglas MacArthur）[3]：你像你的信念一样年轻，也像你的疑虑一样衰老；像你的自信一

---

[1] 李洛伊·背包人·佩吉（1906—1982），美国著名非洲裔棒球手，幼时家庭清苦，他常去火车站为旅客提行李，因此有了"背包人"这个绰号。——译者注

[2] 拉尔夫·沃尔多·爱默生（1803—1882），美国著名思想家、文学家、诗人。——译者注

[3] 道格拉斯·麦克阿瑟（1880—1964），第二次世界大战时美国远东军总司令，曾在"密苏里"号军舰上代表盟军接受日本投降，也是朝鲜战争时的"联合国军"总司令。——译者注

样年轻，也像你的恐惧一样衰老；像你的希望一样年轻，
也像你的绝望一样衰老。

约翰·巴里摩尔（John Barrymore）[1]：只要一个人的梦想
还不曾被后悔所取代，他就还不老。

乔治·伯纳德·肖（George Bernard Shaw）[2]：青春是多
么的美好，浪费在孩子们身上简直就是犯罪啊。

讨论

· 好好看看你的爷爷奶奶，或者是其他老人家。他们的
人生哪些方面比你更美好？你的人生哪些方面比他们会
更好？

· 好好看看你的爸爸妈妈。他们的人生哪些方面比你更
美好？你的人生哪些方面比他们会更好？

· 假如说，有这样一种药，你吃了一颗之后就会一直运

1　约翰·巴里摩尔（1882—1942），美国 20 世纪上半叶的著名电影明星。——
译者注
2　乔治·伯纳德·肖（1856—1950），也译作萧伯纳，英国现代杰出的现
实主义戏剧作家，诺贝尔文学奖获得者。——译者注

气好到爆棚，不但长相倍儿棒，而且财源滚滚……只不过，到了 35 岁的末尾，你的气运就用尽了，你会死于 36 岁。你要不要吃这颗药？为什么要？为什么不要？

· 假如说，有人告诉你可以活到 80 岁，只要你不会傻帽儿到跑去跳崖什么的，你就会在 80 岁零一天时才死去。在这一天到来之前，你希望自己能做成些什么事情呢？

· 随着你慢慢长大，你哪些方面会越来越好，哪些方面会越来越糟？

· 你会不会盼着自己快点长大？为什么？有什么会是令你不愿意长大的吗？

· 对那些正在越来越老的人来说，你觉得有哪些事情会是最重要的？

· 好好读读前面的那些名人名句。你觉得那些话分别是什么意思？你同意那些说法吗？有没有令你觉得很有启迪的句子？

· 等你变得很老很老了，你觉得自己会是更怕死了，还是会更不怕死了？

话题 8
长生不老（在地球上）

讨论

· 你愿不愿意长生不老？为什么愿意？为什么不愿意？
如果你能长生不老，你会做些什么呢？

· 假如真能长生不老，你有没有可能会：

A. 变得很无聊？

B. 很想念故人？

C. 性格有所改变？

D. 跟人的感情有所改变？

E. 格外有成就？

F. 格外聪明、格外有智慧？

· 假如你的家人和朋友都能跟你一起长生不老，你愿不愿意活很久很久呢？

· 假如人可以长生不老，或至少可以活个 10 万年，人类社会该会是什么情形呢？

· 假如说你可以长生不老，而且如果你活够了的话随时按个键钮就可以死掉，这种"功能键"你愿不愿意要呢？

· 你理想中的寿命是多少岁呢？

背景介绍

针对长生不老（或者说至少能比现在的寿命长久得多）的研究，分出了好几个分支。有些人研究的是在细胞层面上针对生理性老化的解决办法；有些人研究的是海蜇等动物的不同寻常的生命周期，这类动物看来能从一种形式转变为另一种形式，实际上也可算是一种生命的延续；还有的人研究的是人体冷冻，也就是冷冻现在已经死掉了的人，希望将来技术更加先进时可以帮他们活回来。也有些人研究的主要是从大脑到其他媒介的神志转移的可能性，当然了，这往往都是些数字化的环境，比如虚拟实境的领域等。

更多讨论

· 假如科学家能够做到把你老化了的器官以及肌肉等逐一全部换掉，还能遏止你大脑的衰老，你愿不愿意这么活上好几千年呢？

· 未来的科学家也许能够把有关你的一切都录制下来，下载到一种虚拟实境的程序里。这些数据会令你认为自己是生活在一个完全真实的环境中，而且这个程序还可以让"你"在里面没完没了地继续活下去。此外，这样的程序还可以让你觉得已经过了一整年了，可实际上仅仅过了一天而已。你要不要去体验呢？这会不会是让你能长生不老的一种形式呢？

· 有些人已经让人在他死后帮他把尸体冻起来，以期将来技术更加先进之后能让他"醒过来"，好继续活下去。只不过这样的技术很具争议性。你是否打算这么做呢？

话题 9
死亡

讨论

· 假如说没有人会死去，这世界该会是什么情形？更美
好还是更糟糕？为什么呢？

· 有些科学家认为，他们将来能找到更先进的技术及治
疗手段，可以让人不一定非死不可。你觉得他们应该继
续研究下去吗？

· 假如说你能决定每个人在什么年龄死是最恰当的，你
会怎么做决定？为什么？

· 人为什么会死？

· 死是否公平？

· 如果一个人的心智和记忆都已经没有了，可身体却依

然还能呼吸、能消化食物,你觉得这人到底"死"了没呢?

· 人死之后会怎么样? 不同的人对此都有些什么见解?

· 假如一个人生前发明了什么,写下了什么,或者录下了影像,这人是否能以这种方式"继续活着"?

· 一个人能否活在他人的记忆中? 以什么方式活着呢?

· 假如你现在就能问明白将来你死掉那一天的具体日子,你要不要去问呢? 这会对你的生活带来什么影响呢?

· 为什么许多人都会怕死?

· 有些人会让别人在他死的那一刻把他给冻起来,等将来科学技术足够发达时再把他"唤醒",让他活回来。你怎么看这种做法? 你会不会也这么做?

· 有没有什么是你愿意为之死去的? 为了一个你爱的人? 为了某种诉求?

话题 10
气运

背景介绍

气运和运气词义非常相近。运气更像是扔骰子时你扔出的某个数字，也就是随机的事情；而气运，不论是好还是坏，更像是因为扔骰子时扔出的某个特定数字导致你输掉了那盘游戏，也就是发生在人身上的事情。还有一个词叫道德气运，指你在不受控制的情况下做出了某事，致使你需要针对此事承担或正或反的行为后果。比如说，你无意间打了一枪，没打死人你得到的裁决会比你打死了人得到的裁决要轻。

讨论

· 假如说你很聪明。这聪明，多大程度取决于你付出了多少努力，多大程度取决于你天生有个"好脑子"？

· 假如说你长得很惹人喜欢。这有多大程度取决于你的天生气运？多大程度取决于你的个性、你付出的努力？

· 你是否有能力有意愿好好努力，这是取决于你天生就有这么个脾性的好运，还是取决于你爸爸妈妈一直以来对你的激励？

· 纯粹因好运而得来的什么，比如说高薪工作，你应该心安理得地享用吗？

· 你在生活中的处境，多大程度取决于你的气运，多大程度取决于你的努力？

· 假如你朝某人开了一枪，不过没有打中，从道德层面来说，你对此的责任是否比你打中了那人要小一些呢？

· 假如说你绊倒了一个人，那人栽在地上磕破了额头；你最好的朋友也绊倒了一个人，可那人却栽得脑内出血，死了。从道德层面来说，你应承担的责任是否比你的朋友要轻一些？

背景介绍

"气运"这个词，是在 16 世纪之后才出现在英语词汇当中的。在此之前，英语中表达这个意思的词，往往会是"命数"或者"福分"。许多宗教都会以各自不同的方式认为，人的一生是由宿命或福分所掌控的。比如说，印度教和佛教的人认为，"业力"或者"转世"决定了某人一生的境遇，而伊斯兰教、犹太教、基督教则认为，人会做出什么选择其实是上帝的操纵所得出的结果。而最新的研究则表明，一个人的气运跟他的性格，比如说是否"乐观"，倒是颇有关联。

更多讨论

· 你认为一切都是被操纵着的吗？还是说，有气运好坏这回事儿？

· 是否有的人就是"命好"？

· 你是否认为一个快乐的、乐观的人，会更容易碰到好气运？还是说，那些快乐的、乐观的人，其实只是命数使然？

话题 11
克隆

背景介绍

我们的基因，也就是我们细胞里的一套"组合配方"，决定了我们是什么样的人。所有的生物都有各自的基因。所谓克隆，就是通过复制一模一样的基因而创造出一个"全新"的、一模一样的生物来。在大自然中，有些生物已经这么繁衍上百万年了，比如说某些细菌、昆虫，还有植物。

人类如今已经学会以"克隆"的方式培养出某些动物和植物，确保其"后代"能跟母体保持一模一样的基因。"多莉"是世界上第一只克隆羊，诞生于 1996 年，从那以后，又出现了诸如马、狗、骆驼等的许多克隆动物。

讨论

· 假如说有一种大麦是最好吃又最有营养的，我们要不要克隆这种大麦并大片种植？

· 假如说有一种奶牛是最好吃又最有营养的，我们要不要成群成群地克隆出这样的奶牛来？

· 猛犸象已经灭绝了，可我们弄到了它的基因。要不要克隆出来，让猛犸象再现世间？为什么要？为什么不要？

· 我们要不要克隆其他已经灭绝了的或是濒临灭绝的动物和植物呢？

· 假如我们能获得恐龙的DNA（基因），要不要克隆呢？这么做可能有哪些令人鼓舞的地方？又可能有哪些危害之处？

· 假如说我们的心脏已经不能好好工作了，可不可以借助3D显像技术，通过实验室来克隆自己的心脏呢？

背景介绍

马斯特里赫特（Maastricht）[1]的科学家已经用奶牛的干细胞在实验室里成功做出了一个汉堡包，尽管这个汉堡包耗资 32.5 万美元！如果这项技术能够商业化，那就意味着今后可以"人工培植"肉类，而不必再蓄养肉食用牲畜了。

更多讨论

· 如果真能把制作成本降到很低，这是不是未来生产肉类的一种好办法呢？

· 用这种方式生产肉类，是不是比蓄养活牲畜更为仁慈呢？

· 用这种方式生产肉类，可能会有哪些危害？

· 用这种方式生产出来的肉类，你乐不乐意吃呢？

1　荷兰南端的一座大学城，以其中世纪时代的建筑和充满活力的文化景观而闻名。——译者注

背景介绍

"治疗性人体克隆"的做法，是先从人体任意部位（比如皮肤）取一个细胞，然后抽取其基因，送入一颗人类卵之中。当然了，这颗卵中原本含有的基因已经被去除了。这颗卵会成长为一个人类胚胎，如果你允许其继续成长，最终能成长为一个完整的人。只不过，这一步尚未成为现实。

进一步讨论

· 可否用这个胚胎来帮助我们治疗人体疾病？为什么可以？为什么不可以？

· 可否让这个胚胎成长为一个跟母体有一模一样基因的完整婴儿？

话题 12

你若变成一只蝙蝠，会是什么感觉

讨论

· 你养的狗狗或猫猫，会想些什么事情？会不会想吃食？想玩耍？可它们一个词都不会啊？说说看，你家狗狗或猫猫的小脑袋瓜里，该怎么"想"它的吃食呢？

· 一只狗狗学会了遵从"坐"或是"过来"等命令时，它是不是也学会了懂得语言？

· 几只狗狗相互吠叫时，它们是不是在用狗狗的语言"说话"？怎么在说呢？

· 狗狗的视觉不算是很好，但它们的嗅觉却非常好。人正好与之相反。你能描述描述一只狗狗穿过公园时会有些什么感觉吗？

背景介绍

托马斯·内格尔（Thomas Nagel）[1] 曾经问过这么一个问题：若变成一只蝙蝠该会是什么感觉。他解释说，蝙蝠的"看"跟人的看完全不是一码事。它们的做法是尖叫并探测其声波触及物体之后形成的回振。它们的大脑通过解析这些回振来判断物体的远近、大小，以及是否在移动。这就叫作"回声定位"，也是蝙蝠对外部世界的主要认知手段。

托马斯·内格尔指出，人其实无法真的想象出蝙蝠的感知来。不过他说重点在于蝙蝠（以及人）必须要有"意识"。这是因为蝙蝠一定要去感受那里有些什么东西，而你也就能大约明白当一只蝙蝠会有些什么感觉了。

这又和"感知"（qualia）这一概念密切相关。这一概念说的是，你的感受，比如说奶昔的味道或者是脑袋里的疼痛，是你实实在在感觉到了的，亦即对你来说客观存在的。

1　托马斯·内格尔（1937—　），美国当代哲学家。——译者注

更多讨论

· 闭上眼睛，弄些声音出来。然后，你要像蝙蝠那般，通过捕捉你弄出的声音的回声来努力感受你的周围。你真能做得到吗？

· 你能想象出若是变成蝙蝠，会是什么感觉吗？还是说，你觉得不可能做得到？

· 蝙蝠会用声呐探测出一个山洞里的构造，电脑也能用声呐探测出一个山洞里的构造，不过，这两者之间有什么不同呢？什么是蝙蝠有的但是电脑却没有的呢？

· 假如你品尝到了一款非常美味的奶昔，你能把这种感觉完完整整地描述出来吗？还是说，这"感知"（见上面的讲解），也就是奶昔的味道，只存在于你的感官里？你觉得你爸爸妈妈在品尝这同一款奶昔时，他们的感受肯定会跟你一样吗？你怎么知道的？

· 你是否有"意识"地知道自己是一个人？一只蝙蝠也能有"意识"地知道它是一只蝙蝠吗？

话题 13
我们应该养宠物吗

讨论

· 狗狗如果能有人喂它、爱抚它、带它遛遛、给它梳理，就能有一个幸福的狗生了吗？哪怕除了在街上偶尔遇到其他狗狗之外，它一生都没有机会跟其他狗狗们一起生活，那也没关系，是吗？为什么呢？

· 狗狗如果能有人喂它、爱抚它、带它遛遛、给它梳理，就能有一个幸福的狗生了吗？哪怕因为家里人要去上班、上学，所以大部分时间它都是独自一狗在家，那也没关系，是吗？为什么呢？

· 猫猫如果生活在一个舒适的屋宅里，就能有一个幸福的猫生了吗？哪怕主人要去上班只留它独自一猫在家，那也没关系，是吗？为什么呢？

· 猫猫或狗狗是否能有一个幸福的生活，这不算是个事儿吧？它们能否给人带来快乐才是更重要的事儿，是吧？

· 假如人人都不养宠物，那么绝大多数的狗狗猫猫也就不会有机会生下来，因为它们的爸爸妈妈就不会为了多生宝宝去卖钱而频频"被交配"了。那，这些猫猫狗狗连出生的机会都不曾有，算不算更好呢？为什么？

· 猫猫狗狗该不该被拿去卖钱或是送人呢？为什么？

· 小鸟该不该被养在笼子里？小鱼该不该被养在鱼缸里？为什么？

· 假如有个人，他这头担忧自己的鹦鹉在笼子里是否能过得好，那头却坐在餐桌前大嚼鸡肉，这算不算是伪善行径？为什么算？为什么不算？

背景介绍

加里·L·弗朗西奥（Gary L Francione）[1] 说过，养宠物并不是件好事情，因为我们当中很多人都不会把宠物当

---

1 加里·L·弗朗西奥（1954—   ），美国著名法律学家。——译者注

成自己的朋友，而只是当作个人财物。用他的话来说，动物"就像是工厂里生产出来的螺栓"一般。他还说，尽管有些人对待自己的宠物还算不错，但是也有很多人却相反，更何况，法律还默许我们可以殴打自己的宠物、饿它们的肚子。不过，美国人道协会却认为，饲养宠物没什么不妥，只要动物和主人之间的关系能建立在"有利于双方的共同利益"之上就好。

还有些人认为，饲养宠物对孩子是件好事情，因为这能让孩子学会同情他人、关怀他人。更何况，有些动物，特别是狗狗，还能反过来教导我们什么叫忠诚以及热忱。

更多讨论

· 你觉得宠物是不是跟玩具一样，算是我们的"个人财物"？把宠物看作个人财物是不是件坏事情呢？为什么？

· 骗狗、骗猫什么的，是不是有悖猫猫狗狗的"动物权"？如果不阉割动物，会有什么危害呢？

· 你认为动物能教导人们些什么呢？

· 这世界上还有好些人连饭都吃不饱，可我们却要喂宠物吃肉，这公平吗？

话题 14
你的宠物有多聪明

讨论

·你的狗狗（猫猫）有多聪明?

·像狗狗这样的动物有没有它们自己的语言? 若是有的话, 它们能表达或者说些什么呢?

·假如动物也能有跟我们一样的喉咙, 你觉得它们会不会也学着说人话?

·假如说你家狗狗想要表达这么一句话: "我最恨洗澡了, 可我的主人刚刚拿出了我的洗澡盆。我得赶紧藏到沙发底下去。"你觉得,

A. 你家狗狗真能这么想吗?

B. 狗狗真会有这样的感受吗?

C. 它用的是人的语言还是狗狗语言？

D. 狗狗逃离洗澡盆并往沙发底下躲藏，它脑子里想的会是什么呢？

· 你觉得宠物真能有自己的想法吗？能有自己的感受吗？能有心智吗？

· 假如你，已经教会了狗狗这么几个词，"过来""坐下""立定""转圈"。它们听令时，是在按照对词义的理解行动，还是因为训练所形成的条件反射？

· 假如一只猫猫觉得"快乐"，这种感觉跟人的快乐有多大相似之处和不同之处？是什么造成了这样的相似或不同呢？

背景介绍

拟人化：人们看到动物某种行为时，便比照人的心理来假想动物也是那么想的，这就叫拟人化。其实这无非是人按照自己的想法和感受来理解动物的行为罢了。

贝娅特丽克丝（Beatrix）和艾伦·加德纳（Allan Gardner）[1]曾教黑猩猩学会了使用至少 132 种美国手语动作来"说话"，并认为这表明黑猩猩的确可以使用语言。不过，赫伯特·泰雷斯（Herbert Terrace）[2]却对这一研究提出了反对意见，他怀疑这些动物并非真正学会了"说话"，而只不过是在模仿驯养人的动作而已。

更多讨论

· 你会不会也拟人化自己的宠物？什么场合下？你怎么做的？

· 你觉得你的狗狗或是猫猫，会自认为它是狗狗或猫猫吗？当你把它抱到镜子前的时候，它会有些什么反应？［科学家戈登·盖洛普（Gordon Gallup）[3]认为，这种反应说明动物也会有对自我的概念。］

1　两人是夫妻，皆为美国心理学家和动物学家，20 世纪 60 到 70 年代曾尝试教黑猩猩学习语言。——译者注
2　赫伯特·泰雷斯（1936—　），美国认知心理学家 。——译者注
3　戈登·盖洛普（1941—　），美国心理学家。——译者注

· 即使你的狗狗知道它自己是一只狗狗，不过，你觉得它们能认识自己吗？假如让3只同种类的狗狗站成一排，你觉得你家狗狗能认出哪个是自己吗？

· 动物会不会有信仰？

· 你有没有试过教导一个小动物懂得一整句话？

· 这世界上最聪明的动物，有没有能力上学前班？

· 下面这些动物当中，你觉得哪些可能会懂得思考？

A. 鲸鱼   B. 海豚   C. 猫   D. 鸟

E. 蜥蜴   F. 鱼   G. 蚊子   H. 蚌

I. 浮游生物（一种单细胞的海中生物）

· 狗狗与人的差距，跟狗狗与昆虫的差距相比，哪个更大一些？

· 人是不是也是一种动物？还是说，我们是完全不同的物种？怎么个不同法？为什么呢？

话题 15
智慧

讨论

· 智慧是什么?

· 有没有可能一个人虽然有很多知识,却仍然没有智慧? 为什么?

· 有没有可能一个人虽然有很多经验,却仍然没有智慧? 为什么?

· 假如你讨论过了本书中的所有话题,这是否能让你变得有智慧? 为什么能? 为什么不能?

· 假如你因此改变了很多过去的观念,这是否能让你或多或少比过去更智慧些了?

· 你能不能通过训练变得更智慧些？是否一定要有一个更聪明的大脑才有可能？是否一个人只要付出足够努力就能变得智慧？

· 如果你的人生目标是让自己变得更智慧，该怎么做？

背景介绍

谦逊论：在柏拉图的《申辩篇》（*Apology*）中，德尔斐的神谕说，苏格拉底是个智者。但苏格拉底并不相信这话，因为他觉得他既没有多少知识也没有多少智慧。于是苏格拉底走访了很多声称自己很有智慧或者很有知识的人，包括工匠、政治家、诗人、立法者，等等。结果他发现，这些人所具备的知识或者智慧，都统统比他们声称的那般要少很多。苏格拉底因此认为，智慧的主要特征之一就是谦虚，就是不自以为是。

知识论：亚里士多德和笛卡尔都提出了"知识论"。他们认为，知识并不一定要学得多专精、多有深度，因为你可以是某个狭窄领域里的专家但仍没有多少智慧；要具备能让你明辨轻重的知识，这才是重点所在。亚里士多德把"知识"细分成了"理论智慧",也就是在科学真理和逻辑方面的知识,以及"实践智慧",也就是如何能好好生活的常识。

更多讨论

· 假如你认为自己挺智慧的,这是否恰是一个充分的证据,证明你其实并不智慧?

· 亚里士多德所说的"理论智慧"和"实践智慧"当中,你认为哪种更为重要?

· 年轻人有没有可能已经具备了智慧?还是说,你们需要借助长者的经验来形成自己的智慧?

· 智慧对一个人来说有多重要?是不是勇气和同情心比智慧更为重要?如果这3样当中你只能拥有2样,你会选择哪两样呢?

· 智慧对世界的重要性有多大?这世界可否不需要任何智者就能好好发展下去?

· 假如每个人追求的都是智慧而不是物质财富，这世界会有怎样的不同？

· 假如你被政府任命为"智慧部部长"，你打算怎么做才能最大程度地让这个社会中人人都能有智慧？

话题 16
孩子能有多聪明

讨论

· 孩子能不能比父母更聪明些?

· 是什么使得父母比孩子更聪明?

· 哪些事情孩子知道得比父母更多? 哪些事情父母知道
得比孩子更多?

· "聪明"或"智慧"是什么意思? 这两个词实际上意
味着什么呢?

· 你怎么能知道某个人现在又聪明又智慧? 有没有可能
你们班上有些人其实非常聪明, 只不过你并不知道?

· 你可以变得更聪明些吗? 怎么才能让自己变得更聪明

些呢?

· 是不是每个人都会有不同的聪明之处? 举些例子来
看看?

背景介绍

让·皮亚杰(Jean Piaget)[1]曾说,随着年龄的增长,人的
思维会从儿童时代的"有形思维" 逐渐朝向"抽象思维"
发展。

霍华德·加德纳(Howard Gardner)[2]曾在 1983 年发表
见解,认为我们并非仅仅只有一种"智识能力",而是
有"多元智能"[3]。这些多元智能包括:

1. 言语智能(Verbal Linguistic):听说读写等的语言能力。

---

[1] 让·皮亚杰(1896—1980),瑞士人,近代最有名的儿童心理学家。——
译者注
[2] 霍华德·加德纳(1943—),当代世界著名教育心理学家,被誉为"多
元智能理论"之父,美国哈佛大学教授。——译者注
[3] 换句话说,每个孩子的长处和能力各有不同,比如小甲很擅长算术,
而小乙很擅长踢足球。我们不可以简单地说小甲能干小乙不能干,反过来
说也一样。每个孩子都应该善于发掘自己的长处,并懂得别人也都各有长
处。——译者注

2. 数理逻辑智能（Logical Mathematical）：推理能力、运算能力、批判性思维等。

3. 音乐智能（Musical）：对声音、声调、声乐等的感受能力。

4. 空间智能（Spatial）：以心神的"眼睛"来判断乃至想象空间的形状与大小等的能力。

5. 身体动觉智能（Bodily Kinesthetic）：指挥你的身体，做动作、用工具等的能力。

6. 人际交往智能（Interpersonal）：通过体察他人心绪、性情等，与他人进行合作的能力。

7. 自我认知智能（Intrapersonal）：你能多清楚地认识自我、反省自我的能力。

8. 自然观察智能（Naturalistic）：你能多敏锐地觉察周遭事物中相关信息的能力。

卡罗尔·德韦克（Carol Dweck）[1]曾著书讲述了人在看待

1　卡罗尔·德韦克（1946 —　），当代美国著名心理学家，斯坦福大学教授。——译者注

自己的能力时所具有的两种不同思维模式，也就是"固定思维"以及"成长思维"模式。持固定思维模式的人认为自己的智识水平是一成不变的，并且很在乎自己看起来能有多聪明。持成长思维模式的人会寻找提升自己智识水平的方式，而且愿意从失败中汲取经验教训。在他们的观念中，自己的智识水平或叫脑力是可以改变的，就像肌肉能变得更有力量一样。[1]

更多讨论

· 加德纳所描述的多元智能当中，哪些是你目前最为擅长的？哪些是你能加以改进的？你家中其他人的情况呢，你说说看？

· 说说看，你对"人具有'多元智能'，而非仅仅一种智能"这一观念有些什么想法？

· 有些研究人员提出，还应该再加上一种新的多元智能，

1　换句话说，"固定思维"的孩子会认为自己天生聪明或天生笨蛋，后天努力是没什么用的；"成长思维"的孩子则认为自己越好好努力就能变得越聪明越能干，功夫一定不负有心人。——译者注

叫作"存在智能"，这指的是一个人是否愿意去思考大问题[1]。你同不同意这种说法？为什么呢？

· 你认为小孩子是否也可以做些"抽象思考"？你是从几岁的时候开始有抽象思维的？你该怎么让年龄很小的孩子进行抽象思考呢？

· 根据卡罗尔·德韦克的理论，你认为你对自我能力的看法是"固定思维"式的还是"成长思维"式的？你更愿意自己具备哪一种思维模式？你需要做些什么才能让自己朝向"成长思维"的模式发展呢？

1　"大问题"指的是宇宙观、生死观等常人不太去想的深邃问题。——译者注

第 4 章

不做不该做的事

加强孩子的决断力

话题 1
你是愿意这样，还是愿意那样

- 你更愿意哪样?

A. 赢个 500 万大奖;

B. 赢个 100 万大奖，也同时让你家周围 20 个邻居都赢得 100 万大奖。

- 你更愿意哪样?

A. 特别富，但是没有任何家人;

B. 特别穷，但是有一大家子相亲相爱的人。

- 你更愿意哪样?

A. 这世界上一半人富有一半人贫穷;

B. 世界上每个人都不穷也不富。

- 你觉得生活中最重要的是什么?

· 你更愿意哪样？

A. 双目失明　　　　　B. 双耳失聪

· 你更愿意哪样？

A. 失去味觉　　　　　B. 失去嗅觉

· 你更愿意哪样？

A. 失去触觉　　　　　B. 失去听觉

· 哪种感官的感觉对你最为重要？为什么呢？

· 你更愿意哪样？

A. 到海外去观光　　　B. 给你家买个最高档的电视

· 你更愿意哪样？

A. 到海外一个最美的海滩去旅游

B. 到海外一个最美的城市去旅游

· 你更愿意哪样？

A. 到西方国家去旅游（比如德国）

B. 到东方国家去旅游（比如泰国）

· 人为什么要到外地去？旅行是不是桩有益的事情？为什么呢？

· 你更愿意哪样？

A. 生活在一个军事管制的国家，士兵可以随时开枪杀人；

B. 生活在一个政府管制不了的国家，到处是烧杀抢掠的人。

· 你更愿意哪样？

A. 失去你的个人自由　　　　B. 全家失去所有财富

· 你更愿意哪样？

A. 抗议军管政权　　　　　　B. 保持沉默自己过活

· 对于能否生活在一个自由的国家，你是怎么看的？

· 你更愿意是哪样?

A. 你们年级最壮实的人　　B. 你们年级最聪明的人

· 你更愿意是哪样?

A. 你们年级最聪明的人　　B. 你们年级最有名气的人

· 你更愿意是哪样?

A. 你们年级最有名气的人　　B. 你们年级家境最富的人

· 在学校里，什么对你最为重要?

最要命的几个问题……

· 你更愿意哪样?

A. 被一只大鲨鱼吃掉　　B. 被一群蜜蜂给蛰死

· 你更愿意哪样?

A. 吃中间夹了生蚝的三明治

B. 喝里面掺了西兰花的奶昔

· 你更愿意哪样?

A. 一双眼珠都掉了出来　　　B. 一双腿都跌断了

· 你更愿意被变成哪样?

A. 一只蝙蝠　　　　　　　　B. 一只鼻涕虫

备注: 你还可以想出些更恶心的动物来, 把爸爸妈妈兄弟姐妹都给恶心走。

· 看电视的时候, 你更愿意看哪样?

A. 故事片　　　B. 体育实况

· 你更愿意去哪里?

A. 歌剧院　　　B. 电影院

· 你更愿意去哪里?

A. 你最喜欢的音乐家的音乐会

B. 你最喜欢的球队的总决赛

· 你最喜欢看的是什么呢?

· 你更愿意哪样?

A. 是个特有名特有钱的体育明星

B. 是个富可敌国又没多少事情做的人

· 你更愿意哪样?

A. 只能活到 65 岁，但是有最精彩的人生

B. 可以衣食无忧地活到 95 岁

· 你最想要一个什么样的人生?

话题 2
美

讨论

· 假如说有个外星人来到了地球，你觉得它会想到哪里去度假呢？你认为它会觉得哪里是最美的地方？它对哪里更美的看法跟你会有些什么不同？

· 下面哪一处更美呢？

A. 是热带雨林更美，还是垃圾场更美？为什么呢？你能不能想出几条理由来解释一下为什么有人会认为垃圾场更美？

B. 是一片赏心悦目的田野更美，还是一座雄壮挺拔的大山更美？为什么呢？

C. 是一座宏伟教堂更美，还是一座摩天大楼更美？为什么？

D. 是一座维多利亚式建筑更美，还是一座现代摩登建筑更美？为什么？

· 你依据什么来评判某一曲音乐美不美？是否像帕赫贝尔的卡农那种广为受人推崇的古典音乐就是美的？那么，此时在 iTunes 音乐集中排在第一位的曲子美不美呢？

A. 音乐的美妙与否，是否全看个人品位？

B. 如果鉴赏音乐要看个人品位，那为什么有的音乐几乎没人喜欢听呢？

· 你依据什么来评判某一件艺术品美不美？是否像《蒙娜丽莎》那种广为受人推崇的作品就是美的？

· 艺术品的美妙与否，是否全看个人品位？

· 人是怎么评判美丑的？我们都需要注重哪些不同因素呢？

背景介绍

柏拉图认为，所谓的美，只是对理想的"思想之境"中那些本身就非常美妙的意念的反映而已。他觉得诗歌和艺术实在是误导了众人，让人们无法看到那永恒的真谛。

休谟却认为美丑的评判须由行家里手才能胜任。他说，美是对象物与审美者之间的互动。这意味着每个人的审美都会带有主观意识，可我们普通人的判断只能凭借"人的自然感受"。因此，我们需要请那些经过专业美学训练的人来鉴定美丑。

1896 年，桑塔耶纳（Santayana）[1] 曾把美描述为愉悦。他说，愉悦是我们在看到或感受到什么（比如说大山）的时候所体验到的美，因此，这美更主要的不是在对象物（那座大山）上，而是在愉悦这种情绪本身当中。

更多讨论

· 你是否认为某种意念可以与一件艺术品、一幅美景媲美，甚至会更美?

1　桑塔耶纳（1863—1952），西班牙著名自然主义哲学家、美学家、诗人、文学批评家。——译者注

· 2+2=4 美不美？对一道高深数学题的从容解答美不美？

· 你认为我们是否应该遵从休谟的观点，请行家里手来鉴定一个物件的美丑？还是觉得，自己的审美观不见得就会比别人差？

· 我们常常听到有人这么说："我不怎么懂得艺术，但我却知道自己喜欢什么。"这句话你怎么看？这是个人主观感受的胜利，还是一种不学无术的傻气？还是两者兼而有之？

话题 3
美人

讨论

· 超级名模们是否真的比大街上的过往行人要更美？为
什么？

· 一般来说人会依据什么来评判相貌的美丑？人们喜欢
的是些什么呢？

· 在我们的社会中，应该由谁，依据什么，来评判人的
美丑？

· 花很多时间在健身房里的男男女女，结果是否真就比
常人看上去更美呢？

· 有没有某种客观评判标准可以用来鉴别相貌的美丑？

· 美是公平的吗？是不公平的吗？是无关公平的吗？

· 假如说有这么一个地方，每个满了 18 岁的人都要去做整容手术，好让这人看上去"相貌平平"，而这么做的目的是为了让这些人进入成年人的社会之后，不会因为天生容貌的好坏而得到不同待遇。你觉得这么做是公平的吗？是不公平的吗？为什么？

· 在有些国家里，胖会被看作是一种魅力，因为这意味着那人足够富有，能喂饱自己的肚子。你觉得这是不是评判或者解释美丑的一个更好标准呢？

· 如果有人做了一次又一次的整容手术，其结果是否真可算作美呢？这跟戴上一副美的面具有什么不同呢？

· "内在美"指的是什么呢？这种美会更重要些吗？

· 如果一个人性格开朗、友善、慷慨大方，这些能不能从这人面相上显现出来呢？这些能否令这人更有魅力、更美？若是反过来也一样吗？

话题 4

自主意愿

背景介绍

我们都认为我们有自主意愿。当我们做出抉择时，我们都觉得是自主地做出了选择。但是，很多人都认为，这个"自主"只不过是一种错觉，其实一切都是早已注定了的，我们无非是在表演木偶戏而已。（有关这种哲学思想，在后面的"背景介绍"之中还会多讲一点点。）

讨论

· 假如说，"自主"就是一种错觉，你只不过是一只木偶，由伟大的雷神索尔 [1] 操纵着你，按照雷霆天堂里的一

---

1 原是北欧神话中的一位大神，现在已经被拍成电影。——译者注

部剧本，表演了一出木偶剧。你觉得，真的会是这样的吗？这给你心中带来什么感受？如果你发现这果然是真的话，是否会再也不想去做任何努力了？

· 有可能将来你会功成名就，十分富有，比如可能成为澳大利亚蟋蟀队（澳大利亚国家板球队）的领队，可能成为一名好莱坞影星，也可能是别的什么。你觉得，未来这一切是否都已经是注定好了的？还是说，会因为你做出的不同选择而有所不同？

· 假如说今天下午你会摔上一跤，跌伤脚腕。你觉得这是不是已经注定了的事情？

· 假如说今天下午你会跟你最要好的朋友吵上一架。你觉得这是不是已经注定了的事情？

· 你是否应该努力奋进，让明天能有一个更好的生活？还是说，你不必努力了，反正一切都是注定了的？

· 有那么一天，当然这会是很多很多年之后的事情，你终归会死掉，就跟所有人一样。你觉得，这个"那一天"，是不是早就预定好了的？

· 假如说，你可以弄明白这世界上每一颗原子的运行轨迹，能知道下一刻某颗原子会跑到哪里去。我们都是由原子构成的，如果真能预知原子的行动，我们是否就可以有自主意愿了呢？还是说，一切都是命中注定了的？为什么呢，你说说看？

背景介绍

宿命论者是那些不相信人会有自主意愿的人。像贝内狄克特·德·斯宾诺莎（Benedictus de Spinoza）[1]这样的因果宿命论者认为，在现实生活中发生的一切，都是由在此之前的某些事物所造成的，而那又是由在那之前的事物所造成的。如果你可以对过去发生过的事情拍摄出非常完整的照片来，那么你就可以准确地预知接下来将会发生什么。这就几乎没有了自主意愿的余地。而神学宿命论者则相信，发生了的一切事情都是神早就安排好了的，我们不可能对此做出任何改变。一些科学家也认为，

1　贝内狄克特·德·斯宾诺莎（1632—1677），荷兰哲学家，近代西方哲学公认的三大理性主义者之一，与笛卡尔和莱布尼茨齐名。也译作巴鲁赫·斯宾诺莎。——译者注

时间的本质就是未来已经在那里了。既然我们的未来已经"在那里了",那么我们就不可能以自主意愿将其改变。

自主论者则认为人是有自主意愿的。有些持自主论观点的人指出,我们的决定是由大脑中的"灵魂"所做出的,而这些决定能够"推翻"那些可能被预计出来的具体行为。像罗伯特·凯恩(Robert Kane)[1]这样的哲学家还认为,人须对自己的行为承担"最终责任"。还有一些人,比如说沃尔特·海森堡(Walter Heisenberg)[2]等人认为,若是深入到了微观层面,也就是原子和量子的层面时,下一步的行动是不可能预计的。

更多讨论

· 如果说人是不可能有自主意愿的,那么我们还能不能站在道德层面上批评某些人的行为是不道德的呢?

· 如果说人是不可能有自主意愿的,那么我们还能不能

---

1 罗伯特·凯恩(1938—),美国哲学家。——译者注
2 沃尔特·海森堡(1901—1976),德国当代物理学家和哲学家。——译者注

惩罚那些犯下了可怕恶行的罪犯呢?

· 换一个"不那么犀利"的话题,若说一个人将来会从事什么工作、过什么样的生活,应该是由他父母、他的社会地位以及他的聪明才智来决定的话,那么,这是不是意味着一个人将来成功与否,本就是"命中注定"了的呢?

· 一个生活在贫民窟里的、一贫如洗的乞丐,若想要成为一名电脑天才、企业家或是大学教授,这可能性你觉得会有多大?这是不是意味着这个乞丐就注定此生潦倒了呢?

话题 5
不做不该做的事

讨论

· 总有人常常会告诫你说："不做不该做的事。"你怎么能弄明白哪些事是不该做的呢？

· 下面这些，对帮助你弄明白哪些事是不该做的，各能起到多大作用？

A. 你的父母   B. 你的宗教

C. 你的国家   D. 书本

E. 跟人谈论有关道德的话题，然后自己琢磨

F. 你的"本能"直觉

G. 你还能想出什么来吗

· 什么事是"该做"的呢？还是说，只要你认为"该"，

就是"该做"的了?

A. 假如说你们班人人都认为从别人的铅笔盒里偷支笔是可以的,这能不能算是"该做"的事情?

B. 假如说你们国家几乎人人都觉得把人杀掉没什么关系,这能不能算是"该做"的事情了?

· 有没有什么事情是不论别人怎么看你都认为是"不该做"的事情呢?

背景介绍

康德是一位"义务论者"[1]。他认为,有些行为(比如撒谎),不论能给人带来什么样的好结果,都是"不该做"的事情。他觉得道德须以律法为准绳,遵守道德是每一个人对他人的义务。他最为著名的一句话,是他在讲述"绝对命令"时所写下的一句话:"任何时候都须按照能成为世间行为准则的格言去行事。"这意味着每

---

1 这是康德创立的伦理学说,即真正的道德行为是纯粹基于义务的行为;而以达到个人目的为要而行事就不能被认为是道德的行为。——译者注

当你要做什么的时候，须先想一想，假如每一个人都能合法地那么去做，这世界该会是什么样子。如果人人都那么做会令这世界成为一个美好的地方，你就可以去那么做了。

杰里米·边沁和约翰·斯图亚特·穆勒（John Stuart Mill）[1] 则反过来是"功利主义者"[2]。他俩认为，要鉴别你的行为是该做的还是不该做的，需以该行为可能造成的后果为基准。也就是说，你需想一想，如果那么做（比如撒谎）了，你会给这个世界带来的是更多快乐还是更多痛苦。如果带来的快乐要更多些，那么从道德角度来说就是该做的；如果带来的痛苦更多，那就不该做。

更多讨论

· 你奶奶过圣诞节的时候给了你一件她亲手织的毛衣，你半点儿也不喜欢。可奶奶偏来问你喜欢不喜欢。你需

---

1 约翰·斯图亚特·穆勒（1806—1873），英国哲学家、心理学家、经济学家。——译者注

2 功利主义是边沁提出的伦理学概念，非贬义词。——译者注

要决定是对奶奶撒谎还是对她说实话。

A. 康德会告诉你该怎么做？为什么？

B. 穆勒会告诉你该怎么做？为什么？

C. 父母会告诉你该怎么做？为什么？

D. 你打算怎么做？为什么？

· 假如说，你找到了一个很安全的办法，可以用你的手提电脑通过网络从银行偷出 1000 万元来。然后，你只需要按下"执行"键，就能把这些钱全送到非洲的一个济贫院的账上（注明：因为某种离奇的原因，你要么把钱还给银行，要么送去非洲，唯独不能据为己有）。你要不要做？为什么？

· 你是驻扎在急诊待诊室里的道德医生。某癌症研究中心发生了一起爆炸事故，4 位杰出科学家受了重伤，被送来你这里急救。他们都需要器官移植才有可能活下来，继续他们的癌症研究。这时，又有一个人跟跟跄跄地进了你的待诊室。这是一个刚刚挨了枪子儿的毒品贩子，伤势并没有危及性命，可碰巧的是他的器官跟那 4 位科学家匹配得天衣无缝。你意识到，如果赶紧弄死这毒品贩子，就很有可能救活那4位研究癌症的科学家。

A. 你要弄死他吗？

B. 你要让另一个人来弄死他吗？

C. 假如那4位科学家中有一个是你爸爸或者妈妈，你的决定会因此而不同吗？应该因此做出不同决定吗？

话题 6
这算不算艺术品呢

背景介绍

假如说，你们全家成了国家艺术馆的新一任负责人，你为此拿到了好几百万元的资金，可以选购一批新的精美艺术品。许多人纷纷拿来各种各样不同寻常的作品供你挑选。你难以决断到底哪些算是艺术品，所以和家人一起开了个研讨会。

讨论

· 鲍勃拿来一张皱皱巴巴的草稿真迹，上面是达·芬奇创作蒙娜丽莎时的第 22 份草稿。达·芬奇当时把它扔进了垃圾桶，清洁工却过来把它捡起来拿回了家，而且交给家人一代代传了下来。这算不算是艺术品呢？

- 莎莉拿来的是一份蒙娜丽莎的印刷件。这算不算是艺术品呢？

- 你告诉莎莉说，蒙娜丽莎的印刷件不能算是艺术品。于是她拿出一支笔，给那张画像添上了几笔胡子。现在算不算是艺术品了呢？

- 杰克逊把画布铺在地上，拿了些颜料泼泼洒洒，做成了一幅作品。现在他拿来向你推荐。这算不算是艺术品呢？

- 马克送来几幅画布，上面是一道道的彩色条，比如其中有一幅上面是三道黄色加一道玫瑰红。这算不算是艺术品呢？

- 罗伯特送来的几幅作品，都是在白色画布上涂了些白色。这算不算是艺术品呢？

- 塞尔玛给你送来的是一整节火车车厢（这可真花费了她不少功夫）。她偷偷钻进了火车站停车场，在这节车厢上面贴了上千个小标签，然后又全部喷上了一层涂料。这算不算是艺术品呢？

· 费迪南德是国家艺术馆的建筑设计师，他说，你所在的那栋由他设计的建筑本身就是一件艺术品了。为此他向你索要更多报酬。这算不算呢？

· 让·克劳德来找你说，他可以用塑料布把整个艺术馆包装成一件艺术品。这算不算呢？

· 你奶奶拿来一件她用了 50 年的、仍然很精美的小台灯。这算不算呢？

·马塞尔从街边厕所里弄出一个小便器，送到你办公室，靠在了墙上，对你说，现在它成了艺术品了。这算不算呢？

·艾丽莎从泰国来，拿出几幅有些抽象意味的画布。她说这是她的泰国大象农场里的大象画的，农场里的大象们都会画画。这算不算呢？

背景介绍

艺术品可以是让人能产生美感的任何一种设计品。艺术品还可以定义为能给人带来欣赏趣味的任何人造品。

若按照更宽泛的定义，艺术品可以是任何人造物品，哪怕这可能包括了汽车或是废品垃圾。

讨论

你认为上述哪种针对艺术品的定义更为合理？为什么呢？

话题 7

统统抹掉吗

背景介绍：社交媒体

社交媒体指的是人们在互联网上相互沟通的平台，大家可以在上面发帖、共享、评论、修改等。这跟"传统"的网页很不一样，因为过去的做法是你一旦上传之后就再也无法改动。Facebook（即"脸书"）、Instagram、Formspring 等都是社交媒体。[1]

讨论

· 假如你能把地球上的社交媒体全都抹掉，不留半点痕迹，就仿佛从没有过它们，也再不会有，你要不要这么

1　中国有微信，还有"QQ"等，都属于社交媒体。——译者注

做呢？为什么？

· 没有了社交媒体，这世界会是更好还是更糟？怎么个更好法，怎么个更糟法？

背景介绍：互联网

互联网起于 20 世纪 60 年代末，根据约瑟夫·利克莱德（J.C.R.licklider）[1] 提出的想法所创建，最初只是为了把大学各系的电脑联接起来，而最早的两部电脑联接成功，是在 1969 年 10 月的时候。到了 80 年代后期，电脑网络开始向商业以及其他用途开放，并于 90 年代蓬勃发展。

讨论

· 假如你能把地球上的互联网全都抹掉，不留半点痕迹，就仿佛从没有过，也再不会有，你要不要这么做呢？为什么？

1　约瑟夫·利克莱德（1915—1990），美国麻省理工学院心理学和人工智能专家，互联网概念创始人。——译者注

· 没有了互联网，这世界会是更好还是更糟？怎么个更好法，怎么个更糟法？

背景介绍：电视

第一张通过电路传送的图像出现于 1878 年，之后，不断有新的小发明问世，特别是到了 20 世纪 20 年代，更是有了很多突破。英国广播服务公司（BBS）从 1936 年开始定期播放图像，而第一台电视机的"首映式"是在 1939 年的世界博览会上。电视商业节目的播放则是始于 20 世纪 40 年代后期。

讨论

· 假如你能把地球上的电视全都抹掉，不留半点痕迹，就仿佛从没有过，也再不会有，哪怕类似的技术也不会出现，你要不要这么做呢？为什么？

· 没有了电视，这世界会是更好还是更糟？怎么个更好法，怎么个更糟法？

背景介绍：热兵器

最初的也是简单的热兵器，是 12 世纪时中国发明的火铳。13 世纪时，也许是通过丝绸之路，也许是在蒙古侵略欧洲的过程中，这种技术传到了欧洲。到了 19 世纪时，出现了更"先进"的火枪，19 世纪 30 年代有了左轮手枪，19 世纪 60 年代美国内战时，更是出现了快速发射（或者叫半自动）火枪。

讨论

· 假如你能把地球上的热兵器全都抹掉，不留半点痕迹，就仿佛从没有过，也再不会有，你要不要这么做呢？为什么？

· 没有了热兵器，这世界会是更好还是更糟？怎么个更好法，怎么个更糟法？

背景介绍：汽车

第一台用于运载人的内燃发动机出现于 1807 年，之后，涌现出了一个又一个的小发明，并最终出现了汽车。1886 年，卡尔·本茨（Carl Benz）[1] 获得了汽车的专利。汽车在 19 世纪末期时还是新奇之物，到了 20 世纪初在亨利·福特（Henry Ford）[2] 的手上，汽车得到了大力推广，从 1908 年到 1927 年，他用生产线方式制造出了大量的 T 型四座车。

讨论

· 假如你能把地球上的汽车全都抹掉，不留半点痕迹，就仿佛从没有过，也再不会有，你要不要这么做呢？为什么？

· 没有了汽车这种个人机动交通工具，这世界会是更好还是更糟？怎么个更好法，怎么个更糟法？

你还可以自己挑选些其他的发明来讨论，说说看假如从

---

1 卡尔·本茨（1844—1929），现代汽车工业的先驱者之一，"汽车之父"，德国奔驰汽车公司创始人之一。——译者注

2 亨利·福特（1863—1947），美国汽车工程师，福特汽车公司建立者，世界上第一位使用生产线大批量生产汽车的企业家。——译者注

未发明过那种东西，这世界该会是什么样子，会是更美好还是更糟糕。

假如你能够在某一点上冻结住科技的进一步发展，以保住这人世间因科技进步而带来的最大快乐，你会选在哪一个时间点上？现在吗？ 20 年之前？还是 100 年之前？为什么呢？

话题 8

创建你自己的学校

背景介绍

假如说，你被任命为国家校务总长，不但可以按照你的喜好对学校体制做出任何改变，还可以立即实施你想要推行的所有新政策。

创建你自己的学校吧。你既可以完全创造出一种全新的学校来，也可以参考下面的一些观点来改造现有的学校。

讨论

· 在你的学校当中，你打算多大程度地采用信息技术（IT）以及电脑教学？该怎么利用呢？

· 你要不要用 YouTube 上的那些全球最优秀的教师所录

制的教学录像，来取代你们学校中的教师上课呢？为什么要？为什么不要？

· 你要不要利用信息技术，让你的课堂与地球另一侧的课堂联合起来，比如说，你的课堂上有一半的学生在澳大利亚，另一半的学生却在美国？该怎么做到呢？

· 你想让学校一天的总课时拉得更长一些，还是缩减得更短一些？你要不要让学生分作两拨，有的上午来上学，有的下午来上学？

· 你打算一天设立几堂课？中间有多少课间休息？午餐休息多久好呢？

· 你的课堂会设计成什么样子呢？你打算设立课堂吗？

· 要不要允许学生们利用 Skype（类似于中国的"QQ"）或类似的程序，在家中上课以及相互交流？

· 你要不要开设数学、语文、常识、历史、地理、物理这些课程？这些课程当中，你会不会有些多开几堂课，有些少开几堂课？为什么呢？

· 有些学校会开设诸如"怎么表达自己""怎么管理自

己""怎么爱惜地球"等的课程，因此会少开几堂语文、数学等的主课。你觉得这种做法是否可取？

· 要不要多设立一些寄宿学校呢？寄宿学校就是那种设在乡下的、要求学生住宿的学校，学生每星期只在周末时回家，星期一到星期五都要住在学校里。

·要不要让每个学生都必须上体育课、音乐课、戏剧课、外语课呢？

·要不要强迫每个学生都要遵守纪律呢？还是允许学生喜欢来上课就来，不喜欢就可以不来？

·要不要按学生能力分班教学呢？也就是说，功课好的都在一起上课，功课不好的都在另一个班里上课？为什么呢？

·我们真需要设立学校吗？可不可以让小孩子都直接去上班，在工作岗位上接受培训呢？

话题 9

犯罪行为和意图

背景介绍

对我们来说，要判定某桩行为是不是犯罪行为（比如说抢银行），通常需要有两个要素：其一是意图（你的确打算去抢劫银行），其二是行动（你的确抢了银行）。在法庭上，这样的意图叫作"犯罪意图"，而这样的行动叫作"犯罪行为"。但是，如果这二者只有其一，该怎么判定呢？

讨论

· 假如说，珀西、艾伦和小苏十分痛恨当地市政议会，并且认定他们唯一能做的事情就是在某天夜里把议会大厅给炸了。他们做出了下列行动，你认为是否应该判处他们已经犯下了"恐怖破坏罪"？

A. 他们拟出了行动计划，打算去炸毁议会大厅。能判了吗？

B. 他们网购了可以制作一枚炸弹的材料。能判了吗？

C. 他们组装好了一枚炸弹。能判了吗？

D. 他们已经出了门，打算去埋藏炸弹，但是还没有走到议会大厅。能判了吗？

E. 假如说，在距离议会大厅还有两条街的时候，艾伦忽然觉得他不愿意继续参与埋藏炸弹的行动了，于是，他逃跑了。你觉得是否仍然应该判处他犯下了"协助炸毁议会大厅罪"？

· 恩里克患有非常严重的夜游症，也就是说在睡梦中他会起来四处走动。有一天他做了一个噩梦，梦见自己去抢了一家银行，还杀害了一名银行出纳员。早上醒来之后，他看了看自己的床脚，发现那里真的有一大包钱。然后他打开了电视，看见电视台正在报道有关"睡袍抢劫犯"

抢劫了一家银行并杀害了一位出纳员的事件。这一段电视台报道的录像清晰地表明，那个穿睡袍的人就是他。你认为是否应该判处他犯下了"抢劫银行罪"呢？

· 彼得正在玩"印第安人和牛仔警察"的游戏，手里拿着他爸爸的玩具塑料枪。他朝小朋友果儿开了一枪，结果，砰的一声巨响，那把枪竟然是真的，果儿倒在了地上。你认为应该判彼得犯下了"杀人罪"吗？

背景介绍

皮埃尔·拉普拉斯是一位先决论者。他认为，如果你能拍摄出一幅在某一时刻的全方位的完整实物图片，你就能预测出接下来会发生什么事情。

更多讨论

· 假如说，警察已经发明出了"拉普拉斯预测机"，能预测未来一整天之内发生的事情，特别是可以预报什么人将会做出什么犯罪行为，包括那些并不知道自己将要犯下罪行的人所要做出的事情。

A. 有一个人正在跟他的生意伙伴激烈争吵，他马上就会在盛怒之下杀掉那个人，只不过他现在还不知道他将要干出这样的事来。这时就把他给抓起来，行不行呢？

B. 有一个女人将在一小时之后杀掉她丈夫。她现在已经做好了计划，只不过还没有下定决心到时候是不是真要杀掉他。这时就把她给抓起来，行不行呢？〔备注：菲利普·迪克的短篇小说《少数派报告》（*Minority Report*）就是以这个情节为序幕而开始的。〕

话题 10
惩罚

背景介绍

茉莉在学校里表现糟糕透了。这个 14 岁的女孩，原本没有什么不妥的地方，可是，自从有一天她爸爸掉进了深井再也没能出来，她就完全变成了另一个人，没法好好学习了。她开始逃课，成天逛商店，还在校门口吸烟。不逃课的时候，她会在课堂上乱讲话、玩手机。老师要求她好好上课，她就跟老师狠狠顶嘴。这一天，数学老师过来督促她完成课堂作业时，她抓起一把椅子砸向了老师。

讨论

· 你觉得学校应该怎么处理茉莉？为什么呢？

· 学校要不要强令茉莉停学？甚至强令茉莉退学？

A. 如果强令茉莉停学或是退学，她可能会去做些什么呢？

B. 如果不强令她停学或退学，这对班上其他同学可能会有些什么影响？

· 学校要不要不允许茉莉再到数学课教室里去呢？[1]为什么要？为什么不要？

· 学校要不要把她送到心理辅导师那里去，帮她梳理一下发生在她爸爸身上的事情？

· 那位数学老师要不要告到警察局去？

背景介绍

马克在公司里的日子难熬极了。5年前，他因为打架而蹲了监狱。现在他上了班，可他的老板总是说他的工作做得非常糟糕，让他心里十分憋屈。上个月，他老板扣了

1　外国中学生的上课制度跟中国完全不一样。不是学生一整天坐在同一间教室里，不同老师按时进来上课，而是老师坐在各自的教室里，不同学生按时前来上课。——译者注

他100元的工资,还说工作做得这么糟糕任谁都要扣工资;可实际上,马克工作得非常努力。于是几天前马克闯进了他老板的办公室,拎起一把椅子砸向了他。老板被打出了脑震荡,两只胳膊也折断了。昨天,在法庭上,法官判决马克6个月监禁。

讨论

· 法官为什么要判处马克蹲监狱?这么做能达到什么目的呢?

· 你觉得等马克刑满释放之后,他会不会就能变得不再那么暴力了?

· 在监狱里马克还会学到什么别的吗?

· 这家公司如今是否会因为马克去了监狱而变得更安全了?

· 假如马克没去蹲监狱,你觉得公司其他人是否也可能在受到不公正对待时去痛打老板一顿?为什么会?为什么不会?

重要的话

我们要给人以处罚，其中一部分的原因是为了能够起到以下作用：

惩罚：这有些类似于"以牙还牙"，也有让人"赎罪"的意思。这是我们社会对有人做出了违反公德的事情时需要表达出的一种姿态。

震慑：也就是震慑那些犯过恶行的人，让他们今后不敢再去做坏事。处以刑罚（即让人在监狱里服刑）不仅能震慑服刑人以后不敢再有犯法行为，也能震慑那些没有服刑的人以后不敢做出类似恶行。让大家都能看到一个人犯法之后的恶果，如此一来，胆敢以身试法的人就少了。

改造：也就是帮助那些罪犯改变自己的观念，让他们能意识到自己过去的行为为什么是错误的，懂得以后再不可以有那样的行为。

预防：有时候也会为了避免一个人可能给社会造成祸害而把那个人关在监狱里。比如说，一个格外有暴力倾向的人，如果允许他到大街上去跟民众一起走动，那么这个社区就可能不太安全了。

上述这几项理由，有时候可能导致相互矛盾的结果。比如说，若是为了改造，那么服刑的时间可以不必过长，但若是为了震慑或者惩罚，那就应该判处更长久的徒刑才好。

更多讨论

上面的故事中的那个茉莉姑娘，因为受不了她爸爸掉进了深井就再也没能上来的打击，变成了另一个人。被学校开除之后，为了能得到足够的钱生活，她每天都要去别人家或商店里偷东西。有一天，她当街抢了查理的钱包，还打伤了他。断了几根肋骨也断了胳膊的查理，吓得连家门都不敢出了。

· 如果你是法官，你现在要怎么处置茉莉呢？

· 看看上述震慑、改造、预防和惩罚这几条。在你为茉莉量刑时，这些目的各会占多大比例？

· 茉莉刑满释放之后，你觉得她能回归到正常生活的可能性有多大？我们要不要再给她一次机会呢？

· 假如说，有这么一种药片，只要茉莉坚持每天服用一片，她就不会再有狂暴行为，也不会想去干坏事了。你要不要让她服用这种药片呢？要不要现在就直接把她从监狱里放出来？为什么要？为什么不要？

话题 11

监狱

背景介绍

假如说，你是一所监狱的最高负责人。这所监狱里关押的犯人既有小偷、强盗、白领罪犯，也有几个杀人犯。这些人的刑期，最短的一年，最长的终身监禁。你现在需要给这些罪犯修建一所全新的监狱。

讨论

· 你会把每一间新"监舍"设计得更像牢房还是更像卧房？

· 你会给犯人们配备电视吗？开通电视闭路网？娱乐台？iTunes 音乐频道？

· 你会给犯人们提供什么样的伙食？

· 你会给犯人们提供图书馆以方便他们读书吗？

· 你会允许犯人们一起活动吗？还是会勒令他们只许待在自己的号子里，几乎一整天都不准出房门？

· 你会把每一间监舍都修建得像是一间小小的禁闭室，犯人们在里面什么也做不了吗？

· 你会四处都装满监视摄像头吗？洗澡间和厕所间里也要装吗？

· 监狱里的守卫们，应该对犯人们礼貌相待还是粗鲁相向？

· 你是会让那些短期服刑的人日子好过一点，还是会让那些终身监禁的人日子好过一点？

· 剥夺犯人的行动自由，也就是说，关进监狱不得与人往来，这是不是已经有足够处罚力度了？还是说，监狱里的生活条件也应该有足够处罚力度才好？

第 5 章

什么是真的呢

锻炼孩子的思辨力

话题 1

到什么地步时你不再是你

背景介绍

有一个源自于古希腊的传说,叫"忒修斯之船"。这是
一艘华贵的宝船,不过,渐渐的船桨一支支地朽掉了,
被逐个换了下来;然后,船上的木板也一块块地换掉了。
到了后来,这艘船身上没有哪一块木头仍是原来的了。
哲学家们,比如说普鲁塔克(Plutarch)[1]就对此发出了
疑问:"这船还是同一艘船吗?"除此之外,还有些
不那么古老但也类似的矛盾说法,比如说约翰·洛克
(John Locke)[2]的"袜子",说的是假如袜子破了个洞
他就用些新的羊毛补上,那么,一直这么补下去直到袜

---

1 普鲁塔克(46—119),罗马帝国时代的希腊哲学家、历史学家、作家。——译者注

2 约翰·洛克(1632—1704),17 世纪英国哲学家。——译者注

子上的羊毛全都换过了的话，这袜子还会是同一只袜子吗？又比如说，乔治·华盛顿（George Washington）[1]的"斧头"，说的是斧头的头换掉了，然后斧头的柄也换掉了，这斧头还是同一把斧头吗？

讨论

· 到了什么程度时你家不再是你的那个家了呢？

A. 如果你家里换了几把新椅子，那还是同一个家吗？

B. 如果你家里重新装修了厨房，那还是同一个家吗？

C. 如果你家里更新了所有家具，那还是同一个家吗？

D. 如果你家的房瓦全换了新的，那还是同一个家吗？

E. 如果你家新做了一次内装修，那还是同一个家吗？

F. 如果你家的墙砖全换成了新的，那还是同一个家吗？

G. 如果你家同时做了上述所有更新，那还是同一个家吗？

1　乔治·华盛顿（1732—1799），美国国父之一，也是第一任美国总统。——译者注

H. 如果帮你家翻新的工人把所有不要了的旧家具全都偷运到了城郊，按完全相同的样子放进了另一个地方，那，现在这里究竟是不是你的家呢？

I. 要做到什么程度时，一栋房子再不是同一栋房子，而应该开始算作是不同的了？

背景介绍

你的细胞在不断更新。有些胃部的细胞只能活个几天而已。你的皮肤表层大约在两个星期之后就全换成了新的。血红细胞能活大约 3 个月，而内脏器官比如说肝脏里的细胞，大约能坚持一两年。骨头里的细胞也会不断更新，大约每隔 10 年骨骼里的细胞就全都换过了一轮。这当然不是一下子全部换光，而是每天都有一点点细胞换成了新的，因此很少有寿命超过 10 年的骨骼细胞。你肋骨间的一些肌肉细胞大约可以有 15 年的寿命。

更多讨论

· 10 年之后，你的身体还是同样一副身体吗？

· 你的身体到底该由什么来界定呢？是一个个的细胞？还是这些细胞的"组合配方"（也就是 DNA 结构）？

· 今年的你为什么跟去年的你是同一个人呢？

· 假如说明天你学会了好多新的数学概念，那么，跟今天的你还是不是同一个人呢？为什么？

· 假如说明天你改信了一个不同的宗教，那么，未来这一年的你，跟今天的你还是不是同一个人呢？为什么？

· 假如说明天你没了一双腿，那么，未来这一年的你，跟今天的你还是不是同一个人呢？为什么？

· 假如说你在某个重大问题上改变了观念（比如说，你决定要投自由党的票而不再投劳工党的票；或是要投共和党的票而不再投民主党的票了），那么，你还是不是同一个人呢？为什么？

· 假如说明天有一颗石头掉到了你头上，于是你忘记了从 5 岁到现在发生过的所有事情，那么，明天的你还是不是同一个人呢？为什么？

· 假如说明天你觉得所有的最亲近的朋友你都不再喜欢了，于是全换上了一拨新朋友，那么，你还是不是同一个你呢？为什么？

· 假如说上面所有这些事情都一下子全发生在了你身上，那么，一个星期之后，你还是不是同一个你呢？为什么？

背景介绍

有不少哲学家，比如说柏拉图和笛卡尔等人认为，是一个人的灵魂（soul）使得一个人成为他自己。不过，约翰·洛克却认为，是一个人的意识（consciousness）[1] 使得他年复一年地还是他自己。一个人的想法和信念是会改变的，但是他的意识却不会改变。

大卫·休谟（David Hume）[2] 则持一种更为极端的观念。

1　也可以译作"神志"。——译者注

2　大卫·休谟（1711—1776），苏格兰启蒙运动以及西方哲学历史中最重要的人物之一。——译者注他认为一个人的自我认知（也就是"本我"）其实是一种错觉。如果休谟能生活在21世纪，那么他也许会把一个人的自我认知比喻为一段电影胶片。一段"电影"其实只是电影胶片上一连串的单个静止图片。当胶卷飞快卷动时，这一张张图片就形成了一个完整的动态景象，而这就是"电影"。休谟认为，人的本我就是这么一组对世界的感官印象图，一张连着一张。这些印象合在一起就形成了一个人的自我认知，只不过，这无非是一种错觉而已。

更多讨论

· 你认为是什么使得你一直是同一个你呢？会是下列哪些因素？

A. 你的记忆吗？　　B. 你的灵魂吗？

C. 你的意识吗？　　D. 你的心态吗？

E. 还是全部加起来？

话题 2

再聊聊你还会是你吗

讨论

· 假如你最喜欢吃的东西从冰激凌变成了寿司卷儿，你还会是你吗？

· 假如你的所有记忆都被抹除，彻底换上了另一个名叫"克里斯"的人的记忆，连性格什么的也全都换了，你还会是你吗？

· 假如你忽然厌烦你最喜欢吃的所有好吃的，偏喜欢上了你本来最痛恨吃的那些东西，你还会是你吗？

· 假如你开始流失原有的记忆，变得以为街角的那个女人是你妈妈、报亭里的那个男孩是你弟弟，你还会是你吗？

· 假如一块砖头掉到了你头上，你一下子性情大变，暴躁易怒，凡事都要往坏处想，你还会是你吗？为什么呢？

· 假如眨眼之间你有了新的想法，你还会是你吗？

· 假如你做了一个梦，梦中你正跟恐龙英勇搏斗。就在这一刻，你还会是你吗？

· 假如你 8 岁的时候陷入了沉睡中，没人能唤醒你，一直睡到了 10 岁你才醒过来。数年之后，科学家给你"植入"了这两年你原本"缺失"的记忆，让你觉得这段时间里你曾快快乐乐周游世界，而且印象极其真切。你还会是你吗？

· 到底什么是你？是什么使得你年复一年地依然还是你？

话题 3

费脑筋的悖论

下面的几个自相矛盾的悖论，也就是乌龟悖论、青蛙悖论，都是由古希腊哲学家埃利亚的芝诺（Zeno of Elea）留下来的。

请琢磨琢磨下面这几个悖论。如果你想不明白，没关系，玩玩"脑筋急转弯"正是最有趣的地方。

乌龟和阿喀琉斯

这是芝诺最著名的一个悖论故事。有一只乌龟，决定要跟阿喀琉斯（Achilles）[1]来一次赛跑。阿喀琉斯是希腊的半神，一个英勇的战士，乌龟因此说，它认为跟他比赛自己会很吃亏，于是请求先起步。阿喀琉斯答应它可以

---

[1] 阿喀琉斯，又译阿基里斯，荷马史诗《伊利亚特》特洛伊战争中的一个英雄。——译者注

提前一分钟出发，能跑多远就跑多远。乌龟就先跑出了 5 米远。然后阿喀琉斯就发现，自己没法赢得这场赛跑。他先是跑到了那个 5 米处，可是，乌龟却又已经跑到他前面去了。他再跑到了乌龟刚才所在的那个点，可是乌龟还是已经到了他的前面一点点。他再次跑到那个新的点，当然也就再次发现乌龟又到了他前面。可不是嘛，这场赛跑简直可以没完没了地这么进行下去，阿喀琉斯当然可以一次次地"追"上来，可却永远没办法能"赶过"乌龟。

可是，这怎么可能呢！可……这怎么不可能呢？

青蛙

这是芝诺的又一个悖论故事。有一只青蛙，假如说它第一跳可以跳过池塘的一半，落到中间的荷叶上；第二跳又跳了剩余距离的一半，落到了一片荷叶上；第三跳还是跳了剩余距离的一半……那么，它要跳多少次，才能跨越整个池塘呢？答案是，它永远跨越不了。因为，它虽然跳过了 1/2，然后又跳过了 3/4，然后 7/8，然后

15/16，然后……可是，从青蛙到池塘的岸上始终有那么一点点距离。

可是，这怎么可能呢！可……这怎么不可能呢？

讨论

下面我们再来琢磨几条很绕的"伪陈述"。

· 这条陈述是错误的。

· 我说的从来都是谎话。

· 下面的这句陈述是正确的。

· 上面的这句陈述是错误的。

你绕明白了吗？

话题 4
再来点儿烧脑悖论

意外考试

星期一的英语课上，史密斯老师宣布本周内将有一次意外考试，内容是莎士比亚名句。朱利安听完之后，立即开始收拾书包打算走人。

史密斯老师问道："你要干什么？"

朱利安答道："收拾书包啊。因为这个考试不可能落在这个星期的哪一天。"

史密斯老师问："为什么不可能？"他有些恼怒。

"首先，这考试不可能是在星期五。因为若真如此的话，到了星期四下午的时候，就已经算不上是意外了，因为我们都知道了第二天会有考试。"

"哼，那考试也可以落在从今天到星期四的任意一天里啊。"史密斯老师不悦道。

"没可能的，"朱利安接着说，"考试不可能落在星期四，也就是说，等到了星期三晚上，唯一可能的就是星期四考试了。因此，这也算不上是意外。如果考试不可能落在星期四，那就只可能落在星期二或者星期三……但是，到了星期二晚上，就意味着一定会落在星期三了。以此类推下去，不就说明哪天都不会有考试了嘛。"

"好吧，"史密斯老师说着，伸手从他公文包里掏出了一摞纸来，"拿出你们的笔来。考试现在就进行。"

全班同学一片哀号，怨声载道。朱利安一下子就蔫巴了，嘟囔道："噢哟，这可真是个意外了。"

讨论

朱利安的话，对吗？这个星期内能有个意外考试吗？怎么个意外法？

箭头

芝诺认为箭头是不会移动的。这是因为，在任何一个时间点上箭头都只是定在某个空间点上。你可以把这场景想象成在每个时间点上你都拍摄了一张照片。箭头没有朝前方移动，也没有从后方过来；在这一瞬间，箭头只是纹丝不动地定在那里。好，你现在想象一下这一瞬的时间点；再想象一下接下来的一瞬、再接下来的一瞬。每一瞬都是这支箭头的一张照片，照片上的箭头都定在那里纹丝不动。

因此，假如说时间是由每一瞬的时间点构成的，而箭头在每一个时间点上都是纹丝不动的，那么，箭头就是不会移动的，没有任何动作。

讨论

你说呢？箭头能动吗？怎么动的呢？

律师

女法官大人要训练奥斯卡成为律师。她对奥斯卡说，他只需要在赢了她之后再付钱给她。可是呢，奥斯卡后来却决定退出，去当一个种水仙花的花匠。女法官大人为此勃然大怒，向他索取赔偿，因为这让她浪费掉了好多时间。奥斯卡说道："你拿不到钱的。我只需在赢了你之后再付钱给你，可我现在根本不要跟你较量。"

女法官大人于是决定起诉奥斯卡，要回这笔钱来。她的想法是，如果她赢了这场诉讼，她自然能得到这笔钱；而如果她输了这场诉讼，那就意味着奥斯卡赢了她，所以他还是要付给她这笔钱。

讨论

你觉得呢？她的想法对吗？

话题 5
为什么要读书

讨论

· 假如说这世界上没人能识字，那会是什么情形？学校、商业、政府什么的都会是怎么运作的呢？

· 假如说你们学校上课时只使用录像或 YouTube[1]，你觉得怎么样？会是比现在更好还是更糟？为什么呢？

· 1000 年以前，只有很少人能识字。你觉得那时候人们的生活会是什么样的？

· 你喜欢读书吗？为什么喜欢？为什么不喜欢？你爸爸妈妈喜欢读书吗？他们为什么喜欢？为什么不喜欢？

· 你最喜欢的书都有哪些？你爸爸妈妈最喜欢的书呢？

---

1 类似于中国的"优酷"网络视频。——译者注

· 什么是你看电影感受不到、但是读书能感受到的？什么是你读书感受不到、但是看电影却能感受到的?

背景介绍

许多年以来，人们鼓励要多多读书的理由，包括了读书能够：

1. 让人觉得又有趣又享受。

2. 就像是一种虚拟实境：当你真的读进去了的时候，你看到的就不再是一个又一个的字了，而是你仿佛身临其境，沉浸在故事里面了。

3. 能帮助你理解其他人：你会把自己代入别人的角色，感受到别人的心思。这能让你懂得同情真实生活中的真实人物。

4. 能帮助你了解这个世界，乃至超越这个世界：了解不同地域、不同情形、不同观念，等等。

5. 能提高你口头表达、善用词语的能力，更提高你的想象力、记忆力、大脑的思维能力，还能提高你在社会生活中的影响力。

6. 能教给你数千年以来人类所掌握了的知识与经验中那些最伟大、最有趣、最重要的东西。等于是把前人许多年来积累起来的智慧交到了你手中。

7. 在一本好书里，字词能用得非常精妙非常有趣，让你觉得像是在欣赏一幅艺术作品，一曲美好音乐。

哈罗德·布鲁姆（Harold Bloom）[1] 在他的著作《如何读，为什么读》（*How to Read and Why*）中写道，我们应该通过阅读来创作、创建、创造我们自己。他说，阅读能提升我们的聪明才智、想象力以及亲和力。他还说，阅读能让我们"找到一种有难度的乐趣"。

更多讨论

· 以上各项理由中，你认同的有哪些？有没有你不同意

1　哈罗德·布鲁姆（1930—　　），当代美国著名文学教授、文学理论家。——译者注

的呢?

· 读书是不是真像哈罗德·布鲁姆说的那样,能有助于"创造"我们自己呢? 还有, "有难度的乐趣"有什么好呢? (还请参照第3章话题16: 孩子能有多聪明)

· 你认为前人写下的最重要的书是哪一本? 为什么是那一本呢? 要回答这个问题,你也许需要上网去查查看,或是找些书来读读。

· 会不会是有些书比其他书更好? 还是说,每本书的好坏与否全看读者各自的不同品位?

话题 6

马戏团之一——头脑对换

背景介绍

假如说，有两个男孩子，本杰明和费迪南德，他俩各自来到了马戏团游乐场，走进了"神奇的墨菲斯托"[1]的小隔间。"神奇的墨菲斯托"可以提供他俩"一生只有一次的对换机会"，这可是闻所未闻的事情。他俩同意了，各自走进了一间黑乎乎的小隔间里。进去后，他们可以从小隔间的另一侧看到大约有 20 来名观众正看着自己。这两个男孩各自觉得头上有个什么东西，微微有些刺痛，感觉怪怪的。

观众们纷纷倒吸凉气！墨菲斯托大魔正在抽取他俩的灵魂！他俩的灵魂分别被注入到了两个瓶子里。

---

1 是美国著名漫画中的著名恶魔，魔力强大。——译者注

然后，观众们再次倒吸凉气！因为墨菲斯托大魔把装着俩人灵魂的瓶子对调了过来，又把瓶子里的灵魂灌注回了这两个男孩的脑袋里！问题是，大魔把本杰明的灵魂灌入了费迪南德的脑袋里，把费迪南德的灵魂灌入了本杰明的脑袋里！

这俩男孩的脑袋瓜儿上的眼睛各自眨了眨，然后两人都动了起来。这下子到底谁是谁呢？

男孩 1	男孩 2
本杰明的身体	费迪南德的身体
费迪南德的头脑	本杰明的头脑

讨论

· 墨菲斯托大魔知道本杰明以前喜欢吃寿司，而费迪南德却很讨厌这东西。他拿来一些寿司给这两个男孩吃。你觉得，谁会拿来吃？是男孩 1 还是男孩 2？

· 墨菲斯托大魔知道费迪南德跑得特别快，而本杰明却跑也跑不动。他让这两个男孩去赛跑。你觉得谁会赢？
是男孩 1 还是男孩 2 ？

· 墨菲斯托大魔知道本杰明很会解答数学题，而费迪南
德却最恨做数学题。他拿来一套数学题考这两个男孩。
你觉得谁会赢？是男孩 1 还是男孩 2 ？

· 墨菲斯托大魔让这两个男孩各找各妈。你觉得谁会去
找谁？

· 假如男孩 1 有了一个新的想法，这想法该算是谁的？
是本杰明的，还是费迪南德的？

· 到底谁是谁？是本杰明住进了费迪南德的身体？还是
在马戏团里诞生了两个全新的人？

话题 7

马戏团之二——全身传送

背景介绍

假如说，你来到了马戏团游乐场。顺着一条布置得很花哨的窄道看过去，有一对小隔间分别坐落在窄道的两边，相向而立，上面都贴着这么一张广告："进来吧，享受全身传送！"你起了好奇心，走进了其中的一间。里面有一个掌管这小隔间的人，穿着马戏团特有的古怪装束，他让你坐进一个铁柜子里去，然后替你关上了柜门。你觉得似乎有一股光悬在你头顶上，仿佛是在扫描你头脑中的每一个念头。忽然，"哪！"的一声，你出现在了另一个铁柜子里。你起身走出去，发现你已经到了窄道对面的小隔间里了。

这个小隔间里也有一个人，也是一身马戏团装束，就是他帮你打开了柜门的。你问他这是怎么一回事，他告诉你说，你的每一个意念、每一份记忆已经全都经过了扫描，储存到了一个很先进的电脑里。与此同时，这个电脑还扫描了你身上的每一颗原子的排列。所有这些经扫描得来的东西，都被传送到了窄道这边的一架很先进的电脑里。

然后，就在同一瞬间，你的身体和大脑在那边那座小隔间里被拆散了，又在这边这座小隔间里被重组了。这两间小隔间共享着一个大大的原子缸（每颗原子都像是一块乐高积木一样），因此也共享着构成你的所有原材料以及信息，而这边这个小隔间就用这些东西造出了一个你来。你蒙掉了，看了看窄道对面的那座小隔间，刚才你就是从那里进去的。你看见先前遇到过的第一个马戏团装束的人，正对着你颇为得意地挥了挥手。

讨论

· 那个从第二个小隔间里走出来的人，真是你吗？

· 会不会是你已经被"干掉了"，而现在的这个你只不过是原来的那个你连同记忆一起复制出来的赝品?

· 假如说一部电脑扫描了你所有的记忆、意念、脑细胞排布,以及你全身所有的原子,这就算是对你最完整的扫描了吗?

· 假如说从把你全部拆散到重新组装起来,中间耗时半个小时,那么,这半个小时里你在哪儿呢?

· 假如说,操作过程中第二个小隔间里出现了短暂故障,等你走出铁柜子之后,那机器又是一阵轰鸣。过了一分钟,里面再次走出一个你来! 这个新版本也是你吗? 你到底是不是你? 如果后来的这个新版本也认定他就是你,那你到底是不是你呢?

· 假如说,你的所有信息都被送去了外国一家服装生产厂,那厂长用这些信息制作出了 1000 个"你"来,送到了服装生产线上。这些人是不是都是你呢?

A. 假如说这些人统统逃跑了,都跑回了你的家,你家里会挤成什么样子呢? 每一个人在看到你爸爸妈妈时会不会都非常欣喜? 你爸爸妈妈这时会怎么反应呢?

B. 你觉得你们大家能好好相处下去吗？会不会打起来？
   如果你是这 1000 个人当中的一个，那你会不会比另外
   999 个"你"更真实一点点呢？

话题 8

相信你自己的感觉

备注：这一话题里的观念，在第6章讨论哲学家柏拉图、亚里士多德、洛克和休谟的时候，也将有所探讨。

背景介绍

我们有5种感官知觉：视觉、听觉、味觉、嗅觉、触觉。通过这5条通道，我们就可以感受到这世间万物。我们把这当作理所当然的事情，而且认为我们所感受到的一切都是实实在在的。可是，真会是如此吗？

讨论

· 你怎么能知道你看见的红色就是别人看见的红色呢？

有没有可能你们是在用"红色"这同一个词汇描述不同的颜色?

· 假如你看到的"红色"不是真正的红色,你怎么才能发现这一点?

· 患有"色盲"的人真的看不到颜色吗?还是说,真正患有色盲的不是这人,而是所有其他的人?

· "颜色"是真实存在的东西吗?会不会是人类进化得能"看见"光波了?

· 假如说有人看不见可见光,可是,偏能"看"得见红外线和 X 光。你觉得这人算不算是瞎子呢?

· 假如说,这世间所有人都能看见红外线,唯独你例外。这就能使你成为残疾人了吗?这就该算你是瞎子了吗?

· 一辆车离你 50 米远,看上去要比离你 5 米远的车要小一些。不过,你却知道这两辆车大致上一样大小。到底是什么使得你的眼睛和神智没有被糊弄住?

· 假如说你正在沙漠里爬行,已经口渴得快要死了。就在这时,你看见了海市蜃楼里的一片绿洲。这是怎么回事儿？是你的眼睛已经看不清东西了，还是你的脑瓜已经神志模糊了？

· 有些人很喜欢咖喱的味道，可也有些人很讨厌咖喱。但是，这对于从基因上来说大致相同的味蕾，不就是同一种味道吗？为什么不同的人对咖喱的接受程度这么不同？这到底是怎么回事儿呢？

· 有些人喜欢某一类的音乐（比如说迪斯科），有些人却对此很不感兴趣。可是，从基因角度来讲，人类的耳朵不都非常类似吗？为什么不同的人对不同的音乐感受程度这么不同？这到底是怎么回事儿呢？

· 假如说，有一次，你独自一人沿着一条偏僻小道正往家走，忽然一艘外星人的宇宙飞船停在了你面前。外星人走出飞船，先跟你聊了一通人生的意义，然后从飞船上拿出一颗迪斯科球，以 20 世纪 70 年代的古怪风格跳起了迪斯科。然后你晕了过去。等你醒来，外星人已经走了。你忘记了他讲的人生意义，但你想起来他跳的舞。你是该相信自己的感官，相信你看到的一切，还是应该相信你的理性判断，认定这是不可能的事情？你该怎么决断呢?

· 人有 5 种感官感觉。你相不相信这 5 感能忠实地向你传递这人世间的所有信息? 有没有可能你会被这 5 感给蒙蔽住呢?

话题 9
你的超人能力

讨论

小心，别轻易发愿！

· 假如说，你会飞。你的生活该会是什么样子？这世界会因你而出现什么变化？

· 假如说，你能活到 1 万岁。你的生活该会是什么样子？这世界会因你而出现什么变化？

· 假如说，你特强壮，一个人能顶得上 20 个人。你的生活该会是什么样子？这世界会因你而出现什么变化？

· 假如说，你可以随时随地让自己隐形。你的生活该会是什么样子？这世界会因你而出现什么变化？

· 假如说，你在水下也可以跟在地面上一样自由呼吸。

你的生活该会是什么样子？这世界会因你而出现什么变化？

· 假如说，你想变成谁的样子就可以变成谁的样子。你的生活该会是什么样子？这世界会因你而出现什么变化？

· 假如说，你（只有你自己）可以让时间停下，每次可以停下一整天，而且你还能利用这空当做些事情。你的生活该会是什么样子？这世界会因你而出现什么变化？

· 假如说，你每次都能只花几秒钟的时间就把一本书里的内容完全灌入到你脑子里，学到了手。你的生活该会是什么样子？这世界会因你而出现什么变化？

· 假如说，任何东西你伸手一碰就能变成金子，除非你戴上手套。你的生活该会是什么样子？这世界会因你而出现什么变化？

· 假如说，你盯着某人看，就能让那个人变成一根火柱子。你的生活该会是什么样子？这世界会因你而出现什么变化？

·假如说，你能控制得了别人的情绪，比如说，让别人爱你、恨你、怕你什么的。你的生活该会是什么样子？这世界会因你而出现什么变化？

话题 10

聊聊人的意念（一）

背景介绍

我们任何时候都在想着什么——想着某个人、某件事、某个念头。但是我们很少会想到"意念"本身，尽管不论我们想什么都离不开这个"意念"。把望远镜倒过来拿可能会让人发晕，不过，有时候还真需要倒过来看才好。因此，我们现在不是要用望远镜来看世界，而是要把它倒过来，看看我们的"意念"本身。

许多哲学家都写下过关于意念的思考。不过，我们下面要聊的话题会比这轻松一些，只是大体上聊一聊。在哲学上这属于一个单独的分支，专门探索我们心中的意念，叫"心灵哲学"（The Philosophy of Mind）。

讨论

· 人的意念是从哪里出来的?

· 当你想完了某件事情之后,这意念又跑到哪里去了?

· 你是由你的意念形成的吗? 还是说,意念是自己出现在你身上的?

· 是意念自己"来找你"的呢,还是你把意念给"想出来"的呢?

· 哲学家斯宾诺莎认为,人不见得会去想,但是想法却会"在脑子中流淌而过"。这一点你怎么看呢? 有没有道理呢? 意念会不会是活着的,可以自己从人脑中流淌而过?

· 你的情绪是不是意念呢? 你的情绪是不是由意念形成的呢?

· 你的性格会不会就是由意念形成的呢?

· 你的意念是怎么跟你的大脑相连接的?

· 假如有个大石头蛋子掉到了你头上,你从此再也不会思考了，可是，你的身体却仍然会呼吸，这该怎么算？
你算不算是死掉了？

· 一个意念能不能被掰碎成更小的意念？还是说，意念
已经是一个最小单位了？

· 假如说，你终生都独自一人生活在一个没有光亮也没
有声音的小黑屋子里，你能有意念吗？

A. 假如你没有任何可以思考的对象，你能有意念吗？

B. 假如你从没有见过光亮，你能有关于黑暗的意念吗？

C. 假如你从没有见过另外一个人，你能有关于自己的意
念吗？

话题 11
聊聊人的意念（二）

讨论

· 是你的意念使你成之为你吗？还是说，是别的什么使你成了你？是什么呢？

· 假如你真的爱上了某人，你们的意念也相互爱上了吗？意念也能相爱吗？

· 假如你妈妈告诉了你她的一个意念，比如说，地球是环绕太阳的第 3 颗行星，然后你把这装到了脑子里，那么：

A. 你的这一意念是不是跟妈妈一样的？

B. 你的这一意念是不是妈妈的复制品？

C. 你的这一意念会跟妈妈的完全一样吗？

D. 如果妈妈跟你说的是"今天天气真好"呢？

· 假如说你有很多非常好的想法，不过你只想不做，这能不能使你成为一个很好的人呢？

· 你有没有办法能看见意念？

· 电子扫描仪已经拍摄下了人在进行思考时大脑里的电子活动。你觉得：

A. 这是否意味着意念也是一种电子？

B. 这就是意念的全部了吗？

· 假如说有件事情你已经期盼了好几个月了，比如说，你要去乘坐一次最为刺激的翻滚过山车。有没有可能关于这次乘坐过山车的意念其实比这件事情本身更美好？你不妨想想看：

A. 好几个月以来你所有的期盼；

B. 好几个月之后你所有的回味。

· 下面这几种不同的意念，彼此之间有什么区别？哪一种是你最喜欢沉浸其中的？哪一种是你最不希望有的？

A. 幻想　　　B. 思索　　　C. 回忆

D. 期盼　　　　E. 恐惧　　　　F. 审视

· 想想你在梦中有过的意念。这些梦中意念跟你白天的意念是一回事儿吗？为什么是？为什么不是？

· 想想你刚才针对意念所做的这些思考。你思考的这些意念跟日常生活中的意念是一回事儿吗？为什么是？为什么不是？

· 你思考的时候能不能不使用词语？一个在山林中被不会说话的狼养大的孩子，能不能进行思考？

· 狗狗能不能思考？鱼儿呢？河蚌呢？

· 跟你下象棋的电脑赢了你。它下棋的时候是在思考吗？

· 世界上最先进的电脑能不能思考？

· 你怎么能判断出电脑是不是自己在思考呢？

· 你能想象得出将来电脑可以自己思考时的情形吗？

A. 那是否等于我们创造出了一个新的种族？

B. 我们是否必须好好照料这个新的种族？

C. 我们是否会受制于这个新的种族?

· 意念在感觉上是否跟电子差不多? 意念感觉起来像什么? 电子又感觉起来像什么?

· 假如说, 这天地间所有的人和动物都一下子全消失不见了, 这时候还会有任何意念留在我们这颗星球上吗?

A. 留在书里面?

B. 留在电脑里面?

C. 留在人们想象出来的成果里面? 比如说, 在我们发明的汽车里?

· 既然都已经没有谁会在思考了, 那意念还会存在吗?

话题 12

什么是真的呢

讨论

· 下列这些是真的吗？你该以什么为依据来判断哪些是真的呢？（你们可以把这些内容逐一抄下来，然后放到帽子里或者平底锅里，一人一条地轮流抽签。）

A.《蒙娜丽莎》画作；

B.《蒙娜丽莎》画作的完美翻拍图片；

C. 你居住的城市；

D. 游戏中电脑模拟出来的你居住的城市；

E. "大富豪"游戏使用的钱币；

F. 澳大利亚国家使用的钱币；

G. 银行账户里的钱币；

H. 2+2=4；

I. "所有儿童都有获得充足食物和清洁用水的权利"的这一观点；

J. 有人持有的"所有人都应该有机会得到医疗服务"的这一信念；

K. 持有的"我家花园底下住着花仙子"的这一信念；

L. 花仙子；

M. 外星人；

N. 还没有被人发现的、环绕另外一颗太阳的另外一颗行星；

O. 和一个关系紧密的朋友之间的友情；

P. 和一个虽然关系很近但你并不怎么喜欢的朋友之间的友情；

Q. 你家厨房里的炉子；

R. 你家厨房里的菜谱；

S. 放在你家厨房凳子上的、准备用来做饭的各种食材；

T. 一个布绒做的、小孩子以为是活大熊猫的玩具；

U. 夏洛克·福尔摩斯[1]；

V. 金·卡戴珊[2]；

W. 金·卡戴珊的照片；

X. 用电脑大幅度修改过的金·卡戴珊的照片；

Y. 一个两英寸大小的玩具小车。

· 你是以什么来断定真假的？是下列各项吗？

A. 你能触摸到

B. 你能想得到

C. 你能用得上

D. 那就是真的

1　著名侦探小说中的著名主角。——译者注

2　当红美国女影星。——译者注

E. 你相信是真的

F. 你还能说出别的来吗

背景介绍

本体论（Ontology，也译为"存在论"）是一个哲学术语，研究的是"存在"（being），进而涉及研究"什么是真的"（real）。现实主义（Realism）哲学认为，存在是一种超然于我们对某事物的看法之上的客观现实。与这种观点相反，"唯心主义"的要素则认为世间存在的一切都只是我们对某事物的看法。伯特兰·罗素是一位"现象论者"（phenomenologist），他则相信一切都只不过是"心理活动"，而各种心理活动叠加在一起就形成了我们脑海中的印象。

本体论的研究很多都着眼于分辨现实中哪些因素是客观的，哪些是由我们的"世界观"所构想出来的。

话题 13
你是在做梦吧

背景介绍

看看你周围。一切都好像很正常，跟平常一样。嗯，可能有一点点不一样吧，因为你正在读一本书，里面讲些古怪的大思想，不过，这好像也没什么太糟糕的吧……等等……这真的都是真的？你真的是醒着的，还是……也许……你是在做梦吧？正在睡梦中？很真实的梦境，虽然有点索然无味，不过，肯定就是在做梦。

你不相信？你很笃定你现在不是在做梦？真的？好吧，既然你这么笃定，那你就……证明你自己吧。

1. 梦里的事往往跟现实生活相关，让你觉得就生活在现实中一样，就跟现在一样。

2. 梦里的事往往有些怪怪的地方，就跟现在一样。

3. 梦里有时候你会很奇怪地觉得你可能是在做梦，就跟现在一样。

提示： 要弄明白你到底是不是在做梦，方法之一是你们几个人一起来玩一个游戏，先选一个人出来，尽量证明你们不是在梦中，再选另一个人出来，驳斥这个人的证明站不住脚。

讨论

· 如果这是在梦中，那想办法醒过来。

· 人们总是说，要证明你不是在梦中的办法之一，就是掐掐你自己。那就掐几下试试看。这真的能证明你不是在梦中吗？

· 这梦有没有可能只是两分钟之前才开始的，而你记得的所有以前的事情，都是梦境的一部分而已？

· 有没有可能你就是你爸爸妈妈，正梦见自己是自己的娃？

· 有没有可能你其实生活在公元 1800 年，正梦见奇妙的未来世界，里面有汽车、微波炉，还有电脑？

· 假如说现在真是在梦中，那不妨猜猜看你的真实生活是怎样的。充分发挥你们的想象力吧。

· 如果你没法证明现在不是在做梦，那你能否证明……

A. 你的学校是否真的存在？

B. 我们是否真的在地球上？

C. 你是不是真的存在？

背景介绍

勒内·笛卡尔（René Descartes）[1] 认为，我们不可能证明得了自己不是在梦中。他还认为，我们有可能是被一个邪恶的魔鬼给绑架了，这恶魔把我们的大脑连接到了一个名为"体验机器"的盒子上。这个盒子能以程序虚拟出真实生活来，并将各种虚拟体验灌注进我们的大脑，

1　勒内·笛卡尔（1596—1650），法国著名哲学家、物理学家、数学家、神学家。——译者注

然后我们就会傻乎乎地觉得自己的体验都是真实的了。

讨论

· 我们能否证明得了自己没有被连接到某个体验机器或是电脑上？

· 你来编写一部出彩的电影剧本吧，内容就是某人陷入了梦中或是被连在了机器上，觉得自己梦到的、见到的一切都是真实的世界。

话题 14
再来说说梦

讨论

· 你做过的最棒的美梦，能聊聊吗？做过什么可怕的噩梦吗？

· 梦境和真实现实有什么不同？你在白天的时候怎么知道是在梦中还是在现实中？你在梦中能区别出来是在梦中还是在现实中吗？

· 你在噩梦中感受到的情绪，比如惊恐或惊喜什么的，是不是你真实的情绪？

· 你在梦境中的意念和想法，是不是你真实的意念和想法？

· 在梦境中的想法和感受，跟你清醒时的想法和感受相比，有什么不同？

· 你夜里做了个可怕的噩梦，是否应该因此准许你早上就不必去上学了？

· 假如你梦见自己乘坐热气球翱翔天空，而且感觉真实得不得了。这种真实的感受，是不是你的真实体验呢？

· 我们梦中所经历的，是不是另一番人生？

· 你能不能从梦境中学得什么？比如说，能不能从在梦中的勇敢行为学到做事要勇敢？

· 假如说，你梦见自己被一帮忍者杀手狂追，然后你醒来，发现自己在床上。你满身是汗，一再庆幸刚才那一切都是梦。可就在这时，你看见几个忍者杀手正爬上你的窗户，吓得你爬起来就跑。然后你"又一次"醒来，发现自己还躺在床上，这才明白你上一次"醒来"只不过是梦境中的一部分而已。可你怎么能确定这次是真的醒来了？

背景介绍

哲学家维特根斯坦（Wittgenstein）[1] 认为，在梦中你其实无法真正思考"我是在梦中吗"这个问题。这是因为，在你的梦境中，"我是在梦中吗"这些个字词本身就是梦境的一部分；而"我""是""在""梦""中"这些字到底能有什么意义，这本身也都是梦境的一部分。

更多讨论

· 你在梦中能不能思考"我是在梦中吗"这个问题？这是不是你真正的意念？

· 如果你在梦中梦到了 2+2=5，这是不是你梦中世界的真理呢？

· 你在梦境中的意念是不是真的？

· 出现在你梦中的人是不是真的？

· 我们有没有可能其实是别人在梦中梦出来的人物？为

1　维特根斯坦（1889—1951），出生于奥地利，犹太人，后加入英国籍，是 20 世纪最有影响力的哲学家之一。——译者注

什么可能？为什么不可能？

· 一些印度教徒相信我们都活在伟大的梵天神的梦境中。
你怎么看呢？

话题 15
记忆与忘却

讨论

· 记忆是什么?

· 一件事情发生了多久之后就变成你的记忆了?

A.5 秒钟　　　B.1 小时　　　C.1 年

· 记忆藏在你大脑里的什么地方呢?

· 假如你忘记了什么, 这份记忆跑哪儿去了? 大脑怎么就把它弄不见了呢?

· 假如你忽然记起来了什么, 比如说, 你一连苦思好几天的进入某网址的密码, 这份记忆先前藏在了哪儿呢? 是已经忘掉了吗?

· 假如说，一抹味道、一撇视线，忽然就让一个人想起了他20多年前的往事，你觉得，这份这么些年来都从来没有想到过的记忆，会藏在哪儿呢？曾一度忘掉了吗？

· 一份记忆会是被忘掉了，还是一直存在你脑中等待被你想起来？

· 有些人会患上一种病症，从此再也无法形成任何新的记忆。说说看这样的人在生活中会出现什么情形呢？

· 有些人会有"摄影式记忆"，读过或看过什么之后就能过目不忘。这样的人在生活中会出现什么情形呢？会有什么不妥的地方吗？

· 假如你读过一本书，一年之后已经忘得干干净净，那当初你读这本书是否等于白浪费时间呢？为什么是？为什么不是？

· 是亲身体验更重要，还是牢牢记住更重要？

· 有些人说，当初在学校里学的东西全忘光了。真会是如此吗？这是否等于说上学对他们来说纯属浪费时间？

背景介绍

哲学家们基本上一致认为人的长期记忆可以有这么几个分类：

1. 程序记忆：比如怎么钉一颗钉子，怎么弹一段钢琴；

2. 语义记忆：比如某些数据，某个想法；

3. 情景记忆：比如去年的圣诞节或是你上学第一天的一段场景。

约翰·洛克的著作中曾讲到记忆在形成人的自我意识中所担当的重要角色。一切都会随着时间的推移而改变，可是，你的记忆却会留存下来，成为哪怕年复一年之后你依然是你的重要组成之一。安妮·威尔逊（Anne Wilson）和迈克尔·罗斯（Michael Ross）[1]对研究"自传体"记忆（即，一个人对自己过去的记忆）非常感兴趣。他俩认为，人对自己是一个什么样的人不但会有很强烈的主观看法，而且还会修正自己的一部分记忆，以使这两者能够相互吻合。这种观点，恰恰和我们惯有

---

1 这是两位年轻研究学者，2003 年发表了他们合作的研究论文。——译者注

的观念相反，即你准确的记忆说明了你是一个什么样的人。可实际上，这两位学者说，如果你对自己的看法出现了改变，你就会同时无意识地修正你的过往记忆，好让这记忆能与你对自己现在的新看法"相匹配"。

更多讨论

· 按约翰·洛克的说法，是你的记忆使你成之为你，你觉得呢？假如说你的记忆一下子全被抹掉了，你还会是你吗？

· 你真的会修正你的记忆使其符合你对自己的看法吗？能不能想出一个具体实例来？假如说，你对自己的看法，从挺善于考试变成了不善于考试，那么你记忆中的哪些内容会被修改呢？

· 假如说，你小时候曾经在商城里走丢了，不过你早忘掉了这件事。10 年后，你爸爸妈妈向你提起了这段往事，于是你重建起对此的记忆。不过，这是你真实的记忆吗？

· 假如说，有人愿意给你一个机会，把一整段关于去迪士尼乐园玩耍的开心经历"上载"给你，变成你的记忆，你愿不愿意接受？

· 有些人会在自己的童年记忆中生生造出一段完整的、其实从未发生过的故事来。他们为什么会这么做？怎么可能会有这样的事情呢？

第 6 章

哲学家和他们的思考

丰富孩子的哲学常识

话题 1

哲学家之一 ——智慧的古希腊人

背景介绍

以我们所处的 21 世纪初的高度来看，古希腊早期哲学家们的想法可能显得过于简单、陈旧，甚至是错误的。可是，我们需要记得，这些哲学家们可没有谁的肩膀能供他们站在上面，相反，他们在思考深奥问题时所凭借的原理，都是他们自己琢磨出来的。

假如说，我们带着满脑子的现代知识，乘坐时光穿梭机回到了古希腊时代，来到了雅典城里的一座农贸市场，要参加正好在此举行的一次哲学大会。这次哲学大会上的两个主题是：

1. 一样物体是怎么转变成了另一样物体的？比如说从非生物变成了生物。

2.所有转变是以什么最基本的物质为根基的。

来自各地的哲学家们纷纷提出了他们自己的想法。很快就有了传言，说大会上最有头脑、最有知识的哲学家就是你。不过，你不打算显摆你的聪明才智，直接把脑子里 21 世纪的知识统统抖搂出来给他们看。相反，你打算先仔细倾听每个哲学家的想法，然后才去帮他们做些提点。

讨论

· 泰勒斯（Thales）[1] 跑过来对你说："我知道，我知道什么是最基本的物质，那就是水啊！因为，到处都是水，而且什么东西里面都有水。"你除了说"不对"之外，该怎么提点泰勒斯呢？

· 阿那克西米尼（Anaximenes）[2] 冲了过来，把泰勒斯推到了一边，说道："不对，不对！最基本的物质，是空气，是蒸汽！水只是凝结了的空气。而我们周围哪儿都是空

---

1 泰勒斯（约公元前 624—前 546），古希腊科学家、哲学家。——译者注
2 阿那克西米尼（约公元前 570—前 526），古希腊哲学家。——译者注

气。"你该怎么提点阿那克西米尼呢？

· 巴门尼德（Parmenides）[1]胸有成竹地走了过来，说道："任何东西都不可能改变。照理说一样东西是不会变成另一样东西的。"你对他说，我们都能看见一切事物皆处于不断的变化之中。"呃，没错，"巴门尼德说，"我知道，我知道。我所知的原理告诉我说一切是不会变的，可我的感官却告诉我说一切都在变。问题是，我们的感官是可以欺骗我们的。我们应该更相信我们的推理而不是我们的感官。"你该怎么提点巴门尼德呢？

· 赫拉克利特（Heraclitus）[2]朝你跑了过来，巴门尼德对他怒目而视。赫拉克利特对你说道："别听巴门尼德的。实际上，任何事物都无时无刻不在变化当中，比如河流，大气层，甚至我们人。没有什么会静止不变，而且所有改变都是不重样的。"你该怎么提点赫拉克利特呢？

· 恩培多克勒（Empedocles）[3]缓步而来，说道："哎哟，你们俩又吵起来了吗？要我说呢，你们俩都有说对了的

1　巴门尼德（约公元前 515—前 445），古希腊哲学家。——译者注
2　赫拉克利特（约公元前 540—前 470），古希腊哲学家。——译者注
3　恩培多克勒（约公元前 490—前 430），古希腊哲学家。——译者注

地方。巴门尼德说事物是不变的，这没错；而赫拉克利特说任何事物看起来都是一直在变化，这也没错。实际上是这样的：不可变的最小物质在不断地组合然后分化，看上去就像是一切都在不断变化，这有点儿像是画家在调配色彩。万变不离四宗：土、气、火、水。"你该怎么对恩培多克勒说呢？

· 德谟克利特（Democritus）[1] 像个圆桶般朝你们大家滚了过来。"我知道，我知道！"他说，"我觉得我知道什么是最根本的物质。是原子，原子啊（你要记得，这可是公元前好几百年前哦）。这些原子，是构成一切的最小物质，再也不可分割，而且恒定不变。我们这宇宙其实就是不断变化中的所有原子。我们的灵魂也是原子。尽管我们觉得灵魂好像跟别的不一样，可它就是由一种特殊的灵魂原子构成的。人死了的时候，这些原子会各自飘飞，然后，重组成另一个人的新的灵魂。"你有些暗自惊讶，毕竟在古希腊那个年代可没有电子显微镜啊。你该怎么对德谟克利特说呢？

---

1 德谟克利特（约公元前 460—前 370），古希腊哲学家。——译者注

· 苏格拉底（Socrates）[1] 此时踏步上前。你可以感觉得到，他真的是非常有名气。他说道："要弄明白什么是对什么是错，这需要让每个人都按他们各自的道理好好去分辨。所有的想法，都应该在大家的讨论中反复推敲，不论你们是相互同意还是互不同意。正是通过反复的讨论与辩驳，才能形成自己的观点，并最终诞生出最佳观点来。"实际上，他的这一主张太棒了，以至于后世人们把这种做法尊称为"苏格拉底法"。你该对苏格拉底说点什么呢？要不要把他拉到你老师跟前，让他把这话再跟你的老师说一遍？

1　苏格拉底（公元前 469—前 399），古希腊著名思想家、哲学家、教育家。——译者注

话题 2

哲学家之二——柏拉图

背景介绍

柏拉图生活于公元前 428—前 347 年。他的哲学思想，对整个西方思想界乃至基督教都有着巨大的影响。他尤其对人的观念以及观念的形成非常感兴趣。

讨论

· 假如你想真正了解一个完美的自制杯形蛋糕到底是什么形状的，你是该拿一个很精致的杯形蛋糕来琢磨呢，还是该拿一些不同形状的杯形蛋糕的模子来琢磨？为什么？

· 假如你想弄明白一头完美无瑕的奶牛到底长什么样，

你是该去找头健康漂亮的奶牛来研究，还是该去想象一头最理想的奶牛？你认不认为应该有一头理想境界中的奶牛，而其他所有现实中的奶牛都是它的翻版？还有，有没有理想境界中的橱柜呢？有没有理想境界中的人呢？

· 我们常常通过自己的感官来感知事物，比如说，汽车轮胎是完好的还是已经没了气。我们也会借助原理来了解事物，比如说，一个完美的圆肯定是 360°。你觉得，要弄明白某样东西是不是圆的，用哪种方式会更好？

· 你觉得在现实生活中真能有完美的圆形吗？我们能否在头脑中想象出一个完美境界中的圆形来？

· 柏拉图认为，应该有一个被他称之为"思想之境"或"形式之域"的世界存在，那里面有着我们这个世界中所有一切的达到完美境界版本。你怎么看待他的这一观念？

· 柏拉图认为，在我们这个世界（也就是"现实之境"）中存在着的一切，都是"形式之域"中的翻版，而且还都是不完美的。他认为，这是因为在我们这个世界中，万物都在不断变化、死亡、消逝中，哪怕岩石也一样会风化。与此相反，在他认为的完美的"形式之域"中，一切却都是永恒不变的。你认不认为是"变化"让我们这个世界变得不完美了？

柏拉图为了阐述他关于"形式之域"（即"思想之境"）的概念，用了一个"山洞壁影"的寓言故事来讲解。这是所有哲学体系中最著名的一则寓言：

假如说，有一个人，打从一生下来就被绑在了一个山洞里，而且她的头还没法来回动，因此，她只能看见山洞最里面的墙壁。在她身后是一支火炬。有人在山洞口附近走动，也有鸟雀飞过，可是，这女孩能看到的，只是这些映在墙壁上的投影。她从来都以为这些影子就是真实世界的全部，直到有一天，她被松了绑，可以自由活动了。这时她转过身来，愕然看到了山洞的深度，也看到了色彩、动物和人。她这才明白，她有生以来看到的一切只不过都是墙上的影子而已。

柏拉图说，我们也都像是这个被绑在了山洞里的人。我们看到的动物、事物和人，都只不过是"真实"的一切的影像而已。可实际上，观念、推理、逻辑等这些我们以为是自己脑海中生成的"影像"，才是那更宏大的"形式之域"中最为真实的东西。

他坚信真有一个永恒的、不变的、完美的"思想之境"。而他的这种观念，尽管跟我们在这个不断变迁中的世界所感受到的一切完全相反，却是他绝大多数哲学思想的根基所在。

更多讨论

· 你怎么看柏拉图这个"山洞壁影"所阐述的观点？诸如"真实""美丽""数理"等这些观念，是否果真只是真实事物的投影而已？还有，这些观念是否果真是一个更宏大的世界的基础构建？

· 如果有好几个人也被绑在那里，等那个被松了绑的女孩回头去告诉他们她后来看到的一切，你觉得他们会相信她的话吗？为什么会？为什么不会？

· 相对于这个世界中的一切，比如真正的奶牛、橱柜和人，柏拉图更看重的是观念。你觉得，他的这种对观念的强调，到底对不对？

· 我们所有的法律，追求的都是"公平"二字。你觉得，真能有完美的"公平"吗？

· 你是否曾经有过对"思想之境"的"思念"，哪怕你之前未曾听说过这个概念？柏拉图认为，每个人的灵魂，当然也包括了你的灵魂，都是来自于"思想之境"，而且会在进入人体之后"醒过来"。当你看到了一头真正的奶牛时，你就会依稀记起在那"思想之境"中的理想境界的奶牛。我们每一个人都会渴望回归到"思想之境"，也就是"形式之域"之中去。这就好比你会十分想念你那已经记不清模样了的家乡一样。你是怎么看的呢？你能想象得出柏拉图所说的，你的故乡"形式之域"，是个什么样子吗？

· 柏拉图还说，最高层次的爱，是因理性之美而激发出来的、神圣的爱。这也就是著名的"柏拉图式的爱情"。你怎么看他的这一观念呢？

· 柏拉图还设想，他的"理想之国"会是这样的：

A. 由哲学家们来执政；

B. 执政者们必须放弃他们的私有财产，也不能有家庭，这样他们才能更专注于国家的治理；

C. 男性和女性可以平等地参与执政；

D. 如果你是奴隶出身，你只能一生为奴，如果你是商人出身，你只能一生从商，如果你是哲学家或者执政者出身，你也会一生从政，或做哲学家；

E. 孩子要交由国家抚养。

· 对于他的这些治国理念，你觉得有哪些优点、哪些缺点？你愿意生活在这样的体系中吗？

话题 3
哲学家之三——亚里士多德（观念篇）

备注：你应该在讨论过柏拉图之后再来讨论亚里士多德，因为亚里士多德的很多观念都跟柏拉图所说的完全相反。

背景介绍

亚里士多德生活于公元前 384—前 322 年间，他是最著名的古希腊哲学家当中的最后一位。他的导师是柏拉图，而他自己也曾为名人之师，在亚历山大大帝攻占了后世所知的亚历山大帝国的大部分版图之前，他做过 3 年亚历山大大帝的导师。在那之后，亚里士多德回去创办了他自己的哲学学校，并命名为"吕克昂"[1]。他的许多观念都跟柏拉图几乎完全相反。

1　该学院旁边有一个希腊太阳神阿波罗的神庙，其名字就叫"吕克昂"。——译者注

最突出的一例是，亚里士多德认为要获得某种观念，比如说对一头奶牛的认识，我们需要实际观察好多头实体奶牛，然后才能在我们的头脑中汇总出对奶牛的概念来。有关"奶牛"的观念，绝不会像柏拉图所认为的那般是从一个抽象的"形式之域"中掉下来的。亚里士多德相信，我们对事物的概念须来自于我们的感官，也就是视觉、听觉、触觉、味觉和嗅觉。换句话说，观念是从下而上得来的，而非从上而下。

讨论

· 你对于奶牛的观念是不是在观察过了十几头奶牛之后得出来的？

· 假如从没见识过真正的奶牛，你觉得自己真能获得关于奶牛的观念吗？

· 亚里士多德认为，关于奶牛的"观念"是由每一头真实的奶牛所展现给你的，这就好比是一个人的身体须和他的灵魂结合起来一样。你怎么看待这种说法呢？与柏拉图的看法相比，你觉得各有哪些优劣？

· 假如说没有谁会想到奶牛，你觉得是否还有针对奶牛
的观念呢？

· 你对于圆的概念是怎么得来的？是通过观察真正的圆
形，还是通过思考理想境界中的圆形（比如说，必须是
有 360 度才行）得来的呢？

背景介绍

亚里士多德认为，在我们的感官对某物能有所感受之前，
我们的头脑中对它是不可能有任何观念的。也就是说，
若没有任何感知，那就一定不会有任何意识。人头脑中
所做的事情，就是把我们的感官所感知到的信息"组织"
起来而已。这样，我们观察过的 12 头奶牛才会变成"奶
牛"的观念，而且不会跟"马"混淆起来。

更多讨论

· 我们对于数理的观念，比如说，2+2=4，到底是怎么
来的？是像亚里士多德所说的那般，通过摆在我们眼前

的实物所得来的？还是像柏拉图所说的那般，是从"思想之境"里来的，然后我们在看到了摆在眼前的实物之后，自然而然地把这观念用上了？

· 假如说我们没有任何感觉，也就是说没有视觉、嗅觉、触觉、听觉和味觉，你觉得，我们还能有任何的观念吗？

· 假如说这世界上没有人能有任何感觉，你觉得这世界上还能有任何的观念吗？

· 假如说这世界上没有任何人，你觉得 2+2 是否仍然等于 4？

· 假如说这宇宙间的一切都不超过 4，你觉得 2+2 是否仍然等于 4？

进一步讨论

像柏拉图一样，亚里士多德也写下了他认为最理想的治国体系。他觉得，君主政治，或者叫王权政治，应该是很好的治国体系，当然，前提是国王或者王后不能一切只顾着谋私利，那样的话就该叫暴政了。排在第 2 位的叫贵族政治[1]，也就是由某个"阶层"的人士以利国利民为目的来治理国家。当然了，如果这种体制变成了一小撮富人罔顾穷人的利益，那就沦落为"寡头政治"了。排在第3位的叫"民治政治"，也就是全民参与的治国体系。这和"民主政治"有些类似，不过，亚里士多德担心这种民治政体容易变味成穷人罔顾富人的利益。当然了，亚里士多德心目中的民治，一是每个公民都要参与每一桩决议的表决，再就是国家官员要从公民中随机挑选，因此，这跟当代社会的民主政治相比，要远为极端得多。

再来点儿讨论

· 你怎么看待亚里士多德对民治政体的担忧？你觉得民治是否公正？你能看出其中有什么缺点吗？

· 亚里士多德比较看好君主政治以及贵族政治，你怎么看待他的这一观点呢？有没有值得我们今天借鉴的地

---

1 这个贵族，并非指王族的亲戚，而是类似于中国古代的"士大夫"或"名门望族"，比如王羲之的王家、谢玄的谢家等。——译者注

方？还是说，他的这些见识已经实在太陈旧了，我们应该抛到脑后去？

话题 4

哲学家之三——亚里士多德（幸福与美德篇）

背景介绍

怎么活得幸福，怎么有一个美好的人生，亚里士多德的道德观念对这两个方面的影响非常大。

讨论

下列各项中，哪些能给你带来多少幸福感？请逐个打分，或者用二者挑一的方式递进淘汰，直到余下少数几个你最舍不得淘汰的。

A. 吃你最喜欢的冰激凌；

B. 等你长大后可以参与表决；

C. 看电影；

D. 参与你最擅长的运动项目的比赛；

E. 知道你可以放放心心到任何地方游玩，不必担心有士兵射杀你；

F. 努力学习之后，获得了好成绩；

G. 喜爱你的狗狗（或猫猫、小鸟、金鱼）；

H. 跟朋友畅谈一番；

I. 知道周围有警察当值，会把那些可能伤害到你的坏人抓起来；

J. 与人聊聊你的想法（比如，跟爸爸妈妈聊）；

K. 在浪涛中畅游；

L. 知道尽管地球上有一半的人口吃不饱穿不暖、安全无保障，你却能幸运地衣食无忧平平安安；

M. 第一次品尝到你最喜欢的饮料；

N. 知道爸爸妈妈都爱你。

背景介绍

亚里士多德还描述了一种非常广义的幸福观，他称之为"至福"（Eudamonia）。这个词的意义要比幸福更深，更接近于"康宁"或者"繁荣"。他认为，对至福的追求是人们愿意去努力的主要原因。要想达到至福的境地，须通过 3 种不同的行为，这 3 种行为呈递进式提升，一种比一种更加重要。这 3 种行为分别是：

1. 愉快地活着；

2. 在一个自由的国度里，作为一个有担当的公民而活着；

3. 作为一个思想者，尤其是一个哲学思想者而活着。

更多讨论

· "至福"跟"愉快"和"幸福"的区别在哪里？如果我们活着是为了追求"康宁"，这跟追求"愉快"或者"幸福"什么地方不一样呢？

· 上述能让你感到快乐的诸多可能选项当中，哪些能给你带来愉快？哪些能让你活得像个有担当的公民？哪些能让你活得像个思想者？哪些是与这 3 种都不相干的？

· 什么样的事情应该能让你感到幸福？什么样的事情的确能让你感到幸福？有没有什么办法能通过"应该"让你感到幸福的事情来获得更多的幸福呢？

进一步讨论

亚里士多德认为，身具美德的人，凡事皆依"黄金尺度"而行。这意思是说，很多事情都应该做得适度，既不可过多也不可过少。我们以"勇敢"为例，过少就成了"怯懦"，过多就成了"鲁莽"。既不过多也不过少的"适中"，方是真正的"勇敢"。亚里士多德的这一"美德"观点，最近50年来受到了人们的高度重视，被冠以"美德伦理学"之名。这美德伦理学要求你要以美善之人为榜样，根据他们的行为来揣摩什么叫美德。

再来点儿讨论

· 针对下列各项，若依照"黄金尺度"，应该怎样做?

A. 存钱与花钱　　　 B. 为某事生气了

C. 了解自己（自己有哪些优缺点）

· 你是否认同凡事依黄金尺度是思考如何好好生活的一
种好办法? 还是说，你觉得这种凡事讲究适中、追求平
稳的做法太平庸了?

话题 5
哲学家之四——笛卡尔

背景介绍

勒内·笛卡尔生于 1596 年，死于 1650 年。在他人生道路上的某一段上，笛卡尔忽然怀疑起世间的一切，于是重新开始了哲学思考。他只想依靠那些他能够直接验证的、靠得住的观念来思考，而非那些别人教给他的东西。可结果却是没有什么是他能放心用来验证一切的依仗。最简单地说吧，他甚至都不能信赖他的感官，因为感觉可能会误导人。

讨论

· 笛卡尔认为，你甚至无法用你的感觉来证明你是醒着的，因为，在梦中的你无疑认为你此时是醒着的。

A. 有没有可能你现在正在睡梦中呢？（请参见第 5 章话题 13：你是在做梦吧）

B. 有没有可能是有个大魔把意念注入了你头脑之中，让你以为你现在正坐在椅子里读着这本书呢？你怎么能证明事实不是这样的？

· 笛卡尔认为，验证事物的依据分作两种。一种含有"数量属性"，比如数理逻辑，这种依据纯粹来自头脑；另一种含有"质量属性"，比如物体色彩，这种依据来自于我们的感官，因此可靠性要差一些。

A. 数理逻辑对你来说是不是比色彩或味道更可靠？

B. 你觉得哪种可能更靠谱一些？哪种对你来说更为重要？

背景介绍

最终笛卡尔发现几乎没有什么是能让他放心信赖的。不过，他倒是发现，他能听见他自己在思考，因此，他可以证明他是存在着的。他可能是在梦中思考，也可能是在思考错误的想法，不过，他仍能证明他是在思考。这便引出了他的那句最著名的话："我思故我在。"

更多讨论

· 请你在脑海中琢磨"胡萝卜"这样东西。你有没有听见你头脑里的声音？毫无疑问你可以证明，你的的确确听见了。你不见得能证明有没有胡萝卜在那里，不过，这不是重点；重点是你在思考，故你是存在着的。你对这一观念有什么看法？

· 你能否向别人证明你正在思考？该怎么让别人相信，你不是一个非常先进的机器人，也不是虚拟实境中的模拟人？你在不在乎自己能否向别人证明你正在思考呢？

· 有没有可能其实是思想本就漂浮在你的周围，只不过你误以为是你思考出了那些想法？也就是说，那些想法不是你的想法，而就是想法本身？

· 在你身体内，肉体部位与非肉体部位是怎么互动的？

A. 当你心中悲伤之时，为什么你的眼睛会往外冒水？

B. 当你心中决定往前挪动你的腿时，为什么你的腿果然
　就往前动了？

C. 当你心中欢愉之时，为什么你的嘴角会往上翘?

进一步讨论

笛卡尔说，他的意识或意念，跟他的身体相比，是不同
的物质，尽管意识并不占据任何空间。这使得他成为一
名二元论者。他还认为，人的意识和大脑之间，是由大
脑中的一个叫作"松果体"的分泌腺连接起来的。

笛卡尔接着写道，他能够想出来的下一个意念是有关完
美的想法。人若是能想象出一样完美的东西来，那么这
一东西的完美版本必定是存在的。因此，完美之物是存
在的。

再来点儿讨论

· 你认不认同笛卡尔所说的，意识跟身体是由不同物质

所组成的这一看法?

· 如果你的意识并不是一种物质,那该是什么呢?

· 到底是你的意识更是你,还是你的身体更是你?

· 松果体是否解释了意识与身体之间的关系?你认为呢?(当然了,现代医学技术已经让我们看到,大脑中并无哪种分泌腺能具备这一功能。)

· 笛卡尔认为身体是一个自动机,就好比一架机器,由我们的意识操纵着。你认为是意识操纵着身体,还是身体操纵着意识?还是这两种说法皆不对?

· 笛卡尔认为动物都是自动机,不过它们不具备可进行逻辑推理的心智。你同不同意他的这一哲学观点?为什么同意?为什么不同意?

话题 6

哲学家之五——洛克

背景介绍

约翰·洛克是一位英国人，生于 1632 年，死于 1704 年。他与笛卡尔和柏拉图非常不同，这两位哲学家都认为在人的头脑中有"先天"的意念，比如说数理概念，而且这种意念跟你的感官感觉并无关联。洛克的看法恰是相反，他认为，一切都起于感官感觉，没有感觉就不会形成任何意念。人们因此称他为"经验主义者"。这也使得他的哲学思想更接近于亚里士多德的观点。

讨论

· 你认为你的各种想法是哪里来的?

A. 出自这人世间？

B. 出自你已有的其他观念？

C. 出自某种神奇的思想之境？

D. 还是其他什么地方？

· 洛克认为，在我们对某事物有任何感知之前，我们的意念如同一块什么都没有写的空空的白板，用他的话来说，叫作"tabula"。你怎么看呢？你认为我们的意念起自于空白吗？

· 洛克认为，意念的功能，是验证、组织、处理我们所看到、听到、嗅到等等的一切。他认为这是我们从小就开始做的事情，先是有了对事物的感知，然后这种感知被转换成了对这些事物的反射？你觉得呢？你的意念就是这样来的吗？能不能不依靠感官的感觉来琢磨事物呢？

· 我们能信赖我们的感觉吗？有没有可能某种感官的感觉比其他感官的感觉要更可靠一些？

背景介绍

洛克说，世间一切均有两种属性，其中一种你可以信赖，但是另一种不行。

第一种叫"首要属性"，指的是物体的数量、重量等，是属于物体本身的、值得你信赖的属性。

第二种叫"次要属性"，指的是物体的颜色、味道、声音等，属于人对物体的感知。每个人对同样物体的感知会不一样，因此，这是不怎么靠得住的。

更多讨论

· 你在想一个苹果是圆形的，跟你在想一个苹果的味道不错，这两者有什么不同？

· 洛克对"首要属性"的看法，你觉得正确吗？你能不能想出任何的数量或重量是不可靠的情形来？也就是说，数出的数量、称出的重量是不足为据的？

· 假如你喜欢某首歌，而你的朋友偏偏不喜欢这首歌，你觉得，你们听的真是同一首歌吗？在这种情况下，你能不能信赖你的听觉？你们是不是：

A. 体验到的是不一样的声音？

B. 体验到的声音没什么不一样，但是对之做出的评判不一样？

进一步讨论

洛克也写下了他对社会契约的思考。他认为，如果你决定要加入某个社区，你就算是与之有了社会契约，须遵守该社区的一切法规，而不可以只遵守你愿意遵守的那几条。这意味着哪怕你不认同某些法规，你也一样必须遵守。不过，他也认为，有些法规太不公平了（比如说，我们现今就认为"奴隶制"以及"女人不得参与选举"是非常不公平的），那么反对这样的法规，不但是应该，而且是我们的职责。

再来点儿讨论

· 你觉得我们是否应该遵守那些我们不认同的法规？比如说，限制车速、禁止吸毒、学校的纪律条款等？还是说，我们可以选择性地遵守那些我们认同的法规？

· 有没有哪些法规我们若是遵守反而是不应该的？你能不能想出一两个例子来？你觉得我们是应该老老实实地遵守，还是应该反对这些法规，哪怕冒着可能被政府和警察抓起来的危险，也要拒不遵守？

话题 7
哲学家之六——休谟

背景介绍

大卫·休谟在法国和英国这两个地方都生活过。休谟首次尝试哲学失败之后，按照伯特兰·罗素（Bertrand Russell）[1]的话来说，他曾经去"做过一个疯子的辅导老师，之后还担任过一位将军的秘书"。他跟着洛克的路子走，而且比洛克走得更远。简言之，他把"经验主义"，也就是认为所有的意念并非凭空而来、都是人通过感官感知而来的这种观点，推向了逻辑上的极致。他的极端观念会让人感到非常别扭，可有时候还真是很难辩驳。

1　伯特兰·罗素（1872—1970），英国哲学家、数学家、逻辑学家、历史学家、文学家，分析哲学的主要创始人。——译者注

讨论

· 假如说，你摔了一跤，跌断了小腿骨。你觉得，会是当时感受到的疼痛更让你痛苦，还是你想到接下来的几小时乃至几个月都要在疼痛中度过更让你痛苦？是你的感知更痛苦，还是这种对痛苦的意念让你更痛苦？

· 跟洛克一样，休谟说，你所有的意念都是对你已获感知印象的剪辑。你同意这一说法吗？你的意念当中，有没有不是由你的感知印象剪辑而来的？

· 休谟认为，与感知印象相比，意念就显得太弱了。他说："我这里所说的意念，指的是人在思考或推理中所借助的这些感知的模糊印象。"你同意这一说法吗？

· 你能不能感觉出你自己的心神来？如果感觉不到，那能否用意念勾勒出你自己的心神来呢？你认识你自己吗？

背景介绍

休谟特别看重人的感知印象。他认为所有一切都是相互关联着的感知印象所得出的结论。他甚至不相信有"我"或者任何其他人的存在。他认为，"你"无非是一系列的瞬间印象，就像老式电影胶片上的一幅幅图像一样。当你快速卷动那胶片时，你就会得出有个人在那里走动、说话、思考等的印象。可实际上，这个"你"只是由一系列单一的感觉所构成的一种错觉而已。

更多讨论

· 回想一下你昨天、上星期，或是 5 分钟之前做的事情。这些事情，是"你"做的吗？还是说，其实是一幅幅瞬间的印象串在了一起，让你误以为那是"你"在做事情？

· 到底有没有一个"你"啊？你会不会只是一卷电影胶片上的一幅幅图片？

进一步讨论

休谟也不相信所谓的"自然法则"，比如说，水会在零摄氏度时结成冰。他认为，其实这只是我们的习惯看法罢了。他说，我们看到了一个"因"（即温度降到了零摄氏度），也看到了一个"果"（水结成了冰），然后我们就以为这两者是有因果关联的。可是，在那宏大的宇宙中真正发生着的却可能是完全不同的事情。

再来点儿讨论

· 假如说你是一只狗狗，每天早上你都会看见你主人起床了，然后太阳就升起来了。你是否会顺理成章地理解成是你的主人让太阳升起来了呢？你的这一结论正确吗？

· "因"（比如说，落下一颗石头）和"果"（比如说，这石头掉到了地上）的背后，会不会有些隐秘的关联呢？那可能会是些什么关联呢？（你尽可以给出些天马行空的答案来。）

· 假如有个小婴儿看见魔术师让石头"升了起来"，你觉得这小婴儿会有多惊讶？这对我们理解自己对"自然法则"的习以为常能有些什么启示？这些"法则"，究竟是我们"习以为常"了的，还是经过验证了的呢？

话题 8

哲学家之七——康德

备注：等你讨论过了前面几位哲学家，特别是谈论过了休谟和柏拉图之后，再来讨论康德，你就会觉得没那么棘手了。

背景介绍

伊曼努尔·康德生活于德国东普鲁士的小镇科尼斯堡，一生可以说是平平稳稳。他非常自律，生活也非常有规律。据说，他每天都在同一时间出门，以至于柯尼斯堡的居民看见他出现在自家门口时便会以他来校对手表。他是民主政治和人权的早期信奉者之一。跟他的前辈哲学家们一样，康德也研究了我们该怎么运用原理以及感知来了解这个世界。不过，跟休谟和洛克相反，康德认为，原理不但独立于感知，而且有其独立的作用。

讨论

时间与空间，是"超越"我们的存在而存在与这天地间的。不论有没有人类存在，这世间都存在着时间与空间。

A. 我们是怎么发现了时间与空间的？

B. 我们是用什么感官感知到了时间与空间的？

C. 有没有可能我们的感知所获取的仅仅是时间与空间的一部分而已？

D. 我们能不能借助原理更多地了解时间与空间？还是说，原理与我们的感知关联过于密切，以至于被感知给限制住了？

背景介绍

康德还写下了有关"事物本身"和"事物展现给我们的样子"这两者之间的差别。空间与时间之中的事物，比如说，引力和时间表，是以它们本身的样子存在着的，但是，我们对其的了解，仅限于它们展现给我们的样子。

就好像我们在眼镜片上贴了一层红色玻璃纸，看到的东西都是经过这层玻璃纸过滤过的一样，我们对空间和时间的感知，也是贴了一层玻璃纸的。

康德认为，我们对事物的了解无法"超越"我们对其的体验，不过，我们可以运用一些基本概念（也叫"先验观念"），比如说，1+1 = 2，作为我们思考的工具之一，尽管这些概念并非出自于我们的体验。他的这些观点，写在了他最为著名的一本著作《纯粹理性批判》（*A Critique of Pure Reason*）里。

更多讨论

· 你觉得，"1+1 = 2"是"先验观念"呢，还是我们数实物的体验所得出的结论？

· 有没有可能数实物虽然是教导小孩子明白 1+1 = 2 的办法之一，但 1+1 = 2 这概念本身并不需要拿实物来数？

· 我们的思索能否超越我们的感知？我们能不能思考一些很深的问题，比如说"空间是怎么来的""大爆炸究竟是什么"，尽管我们对这类事物完全没有"感知"？还是说，你觉得这些问题仍然是以我们的感知为基础提出来的？

· 你觉得科学家会不会也不太可能针对我们无法"感知"的事情做出很好的解答？比如说，空间有没有第 6 维或是第 7 维？

进一步讨论

康德还认为，天地间也存在着道德法则，这道德法则也跟物理法则一样起着作用。他把这道德法则命名为"绝对命令"，并且说，人应该遵守道德，这并非仅仅因为这么做于人本身有利[1]，更因为这是作为人的职责。而所谓的"绝对命令"，指的是"任何时候都须按照能成为世间行为准则的格言去行事"。

---

[1] 举例说，我不骗别人，便也指望别人不会骗我，这就有利于我自己了。——译者注

再来点儿讨论

· 你是否认为道德法则也跟万有引力定律这样的物理法则一样是世间至理？

· 你能否想出一条跟物理法则一样可奉为世间至理的道德法则吗？

· 大多数人都会谨守道德，比如说不偷窃、不乱打人。你认为他们这么做主要是为了个人利益，还是因为那是他们的职责呢？

A. 这职责是指对谁的职责？

B. 一条要求"不得偷盗"的法规能给你带来什么利益？

· "绝对要求"的基本意思，说的是"假如每个人都这么做，这世界就能变得很美好，那么，你就应该照此去做"。你觉得你的行为是否也应该以此为基准？这听上去像不像你从前得到过的道德教诲？

· 康德认为，一件事情到底该不该做，你需要以道德准则作为依据，而不是以假如那么做会带来好结果作为依据。举例来说，偷盗是坏行为，因此，不论这能带来什

么好结果都不应该做。你是否同意这一观点？也请你想
想看：

A. 偷了东西交给慈善机构，行不行？

B. 向敌人撒谎，掩护你国家的军队撤退，行不行？

话题 9
哲学家之八——黑格尔

背景介绍

格奥尔格·黑格尔（G. W. F. Hegel）出生于 1770 年，晚年在柏林担任教授，1831 年因霍乱病逝世。他以"辩证法"这个概念而闻名于世。辩证法说的是，世间原理会随着时间的推移而不断演变，而且从来都不会有真正的最终"答案"。

他说，所有的观点都会是这样演变的：先会有了一个"论点"（比如说，学校的校规应该允许恫吓学生乃至打学生），然后就会有一个"对立论点"（所有犯错误的学生都值得原谅，应加以开导），再然后就会出现一个"综合观点"（学校的纪律条例应该既有非体罚性的处分，比如停课，也要加以开导，比如跟学生谈话让他们明白到底错在哪里）。在这之后，针对这个"综合观点"又可能会出现新的"对立论点"，如此循环往复下去。

讨论

· 你能不能再想出几个曾经从"论点"到"对立论点"再到"综合观点"的演变实例来？（我举一例：劳工权益。）

· 黑格尔认为，不论我们现有的某个观点（即"综合观点"）有多么完善，总会有一个更完善的新观点，即"新的对立论点"出台，把"旧的综合观点"给踹下去。这是否意味着我们永远无法得出最终的、最正确的结论？这是否意味着没有什么观点能是"最终"或是"最正确"的？

· 既然没有什么观点能是最终的、最正确的，那么，哲学的意义究竟在哪儿呢？

· 黑格尔认为，没有什么道理能高于人类的理性推理。你对此怎么看？

· 黑格尔认为，观点没有"正确"与"错误"之分，只有在时间点上的"恰当"与"不恰当"之分。人类的知识与观点是不可能"永不过时"的。

A. 假如说，有人 2000 年之前认为奴隶制是正确的，你觉得那时这观点对吗？在那个时候，人人都不觉得奴隶制有什么不妥。

B. 假如说，有人 150 年之前认为奴隶制是正确的，你觉得那时这观点对吗？在那个时候爆发了美国南北战争，起因就是南北两方对奴隶制持相反看法。

C. 假如说，有人现在认为奴隶制是正确的，你觉得这观点现在仍然是对的吗？

D. 事情的"正确"与否，真能随着时间的变迁而变迁吗？

· 辩证法的思维方式，使得持有非常对立观点的双方人士可以都坐下来，好好讨论一番，也许最终就能把双方最有价值的观点综合到一起。你觉得这办法对下面的情况也能适用吗？

A. 有些人执着于拥有自己的枪械，可有些人认为应该禁止私人拥有枪械；

B. 有些人认为社交媒体非常好，可有些人认为这东西除了浪费每个人的时间之外没什么好处。

背景介绍

黑格尔认为有一种"世界精神"，正是这种精神使得人类的知识和人类的理解力变得越来越强，就仿佛是这世界有了自己的意识似的。他还认为，人类的发展总的来说是朝向积极的方向发展的。我们变得越来越看重自由，越来越讲究理性，越来越追求"自我发展"、强调"自我认知"。从人类发展这个角度上来说，黑格尔是一位乐观主义者。他还说，"世界精神"在 3 个层面上反映出它"有了自己的意识"：

1. 个人层面；

2. 家庭以及社会层面；

3. 艺术、宗教和哲学的层面。

更多讨论

· 你怎么看待这个"世界精神"？这会是真的吗？

· 黑格尔认为人类与过去相比已经大有进步，你同意他的这一观点吗？你觉得我们的确比500年前更具理性吗？

· 你已经跟爸爸妈妈讨论过好些这类话题了；通过这些讨论，你有没有发现你比他们当年这么大的时候更具"理性"，"自我发展"得比他们更加充分？

话题 10
哲学家之九——克尔凯郭尔

背景介绍

索伦·克尔凯郭尔（Soren Kierkegaard）1813 年出生于哥本哈根。他父亲出自富有家庭，不过他母亲在嫁给他父亲之前却是他家里的女佣。克尔凯郭尔在公民美德学校上的学，青年时代常常徘徊在哥本哈根的街道上，跟男女用人们聊天。朋友们说他的头发能在头上竖起半尺高，而那个年代还远远没有发明定型发胶。

他写了好几本书，其中一本叫《非此即彼》（*Either/Or*），里面有两个角色，A 和 B，就一系列的广泛话题进行交谈。在他的著作中，他并不认同哲学家们对"真理"的种种追求；相反，他认为寻找能够有助于过好每个人现实生活的人生真谛才更有意义。1855 年，42 岁的他在跌了一跤之后不久死去。

讨论

·你认为我们应该去追寻那种放之天下而皆准的唯一真理吗？真有这样的真理吗？

·针对下列各项问题，你跟你最要好的朋友心目中的"真谛之见"，会不会有所不同？

A. 你们的老师是不是个好老师？

B. 为什么有些朋友的父母会离婚？问题是不是出在那对父母中某一个人的身上？

C. 你是真坐在一张椅子里吗？还是说，这只不过是一个错觉？

D. 2+2 是不是等于 4？

E. 今天夜里，你是应该听爸爸妈妈的话好好上床睡觉，还是该不听他们的话，到大街上去晃悠一通宵？

F. 数学考试的时候，要不要作弊？

G. 是柏拉图的哲学观点更正确，还是亚里士多德的哲学观点更正确？

H. 被打劫的人杀掉打劫他的人，算不算作恶？

I. 跟非洲的津巴布韦相比，美国是不是一个更大的国家？

J. 跟津巴布韦相比，美国是不是一个更富有的国家？

K. 跟津巴布韦相比，美国是不是一个更好的国家？

L. 究竟是只有唯一的一种真理，还是每个人都能有他不同的人生真谛？

· 有没有可能你心目中的人生真谛跟你最要好的朋友完全不一样？有没有可能你们俩没有谁是错的？

· 有没有可能每个人都有他自己的人生真谛，即"我的真理"而非"唯一真理"？

背景介绍

克尔凯郭尔说，对每一个人来说最重要的是他自己的体验，因此，对人类本质的概括描述并没有多大意义。

他觉得，虽然世间的确有一些是客观真理，比如说2+2=4，但是，这对每个人的个人存在并没有多少重要价值。他认为，有些至关重要的人生真谛，却并不是每一个人都能弄明白的，比如说，是不是有另外一个人爱着你[1]。

· 你认为人是应该努力去寻找人类本质的普遍性，还是应该专注于他们的个人存在，寻找个人生命的意义？

A. 假如一个人主要专注于研究人类总体上的优缺点，这可能会出现什么问题？

B. 假如一个人只管专注于寻找他个人的人生真谛，这可能会出现什么问题？

· 你能不能知道是否有另外一个人爱着你？还是说你只需相信你被爱着就可以了？

· 假如说你对别人做了件坏事，那人说他原谅了你，你能不能确定你是否真的得到了他的原谅？

---

1 克尔凯郭尔是一名虔诚的教徒，甚至选择了献身上帝而独身，因此，读者不可把这个"真谛之爱"理解成男女之爱或父母之爱。——译者注

附录
著名思想家和他们的一些观点

（备注：我们已经在本书中讨论过这些思想家的这些观点，更是着重讨论了 8 大哲学巨头的一些哲学思想。）

亚里士多德在他的《尼各马科伦理学》第 8 卷中曾写道，友情可分作 3 种：

1. 愉悦之友情，即你与之相处时彼此都感到愉快；
2. 有用之友情，即你因对方于你有用而做了朋友；
3. 有德之友情，即你因对方品德高洁而做了朋友。

尽管你与某个人交朋友的原因可以不只限于其中一种。

阿那克西米尼认为，世界上最基本的物质是空气（蒸汽）。

杰里米·边沁是"功利主义者"。他认为，要鉴别某桩行为是好还是坏，必须以该行为可能造成的后果为基准。你须想一想，如果那么做（比如撒谎）了，你会给这个世界带来的是更多快乐还是更多痛苦。如果带来的快乐要更多些，那么从道德角度来说就是可行的；如果带来的痛苦更多，那就不行。

哈罗德·布鲁姆在他的著作《如何读，为什么读》中写道，我们应该通过阅读来创作、创建、创造我们自己。他说，阅读能提升我们的聪明才智、想象力以及亲和力。他还说，阅读能让我们"找到一种有难度的乐趣"。

尼克·博斯特罗姆提出，很有可能我们都生活在一个由某种形式的超级电脑所虚拟出来的模拟实境当中。

L.E.J. 布劳威尔认为，数学是由人类发明出来的东西，是人造品。直觉主义者认为，这世上并没有什么早就存在在那里的根本原理（例如加法原理）等待人们去发现。

德谟克利特认为，构成一切的最小物质，包括我们的灵魂在内，是再也不可分割的原子。

勒内·笛卡尔说，我们都可能是正在梦中，但是，我们知道自己是存在的，因为我们能听见自己在思考。即**我思故我在**。

弗兰克·德雷克设计出一种计算公式，叫"德雷克公式"，用来估算外星人存在的可能性。该估算公式涵盖了宇宙中各种情况的可能性，比如行星所具备的适合生存的条件、简单生命向复杂生命的进化，等等。

卡罗尔·德韦克曾著书讲述了人会以"固定思维"或者是"成长思维"来看待自己的能力。持固定思维模式的人认为自己的智识水平是一成不变的，并且很在乎自己看起来能有多聪明。持成长思维模式的人会寻找提升自己的方式，而且愿意从失败中汲取经验教训。在他们的观念中，自己的智识水平或是脑力是可以改变的，就像肌肉能变得更有力量一样。

恩培多克勒认为，地球有四大基本物质，即土、气、火、水。这些物质以许许多多不同方式组合和分化，看上去就像是一切都在不断变化似的。

恩利克·费米曾说，如果真有外星人的话，我们应该早就看见过他们。正因为没见过，这就成了外星人并不存在的一个论据。

霍华德·加德纳曾在 1983 年发表见解，认为我们并非仅仅只有一种"智识能力"，而是有"多元智能"。

赫拉克利特认为世间万物都无时无刻不在变化当中，从不会是静止不变的。

大卫·休谟认为美丑的评判须由行家里手才能胜任。他说，美是对象物与审美者之间的互动。这意味着每个人的审美都会带有主观意识，可是，我们普通人的判断只能凭借人的自然感受。因此，我们需要请那些经过专业美学训练的人来鉴定美丑。

皮埃尔·拉普拉斯是一位先决论者。他认为，如果你能拍摄出一幅在某一时刻的全方位的完整实物图片，你就能预测出接下来会发生什么事情。

罗伯特·凯恩是一位"自主论者"。他就自主意愿的存在写过一本书，认为**人对自己的行为负有"最终责任"**。

伊曼努尔·康德是一位"义务论者"。他认为，有些行为（比如撒谎），不论能给人带来什么样的好结果，都是"不该做"的事情。他觉得道德须以律法为准绳，遵守道德是每一个人对他人的义务。他最为著名的一句话，是他在讲述"绝对命令"时所写下的一句话："任何时候都须按照能成为世间行为准则的格言去行事。"这意味着每当你要做什么的时候，须先想一想，假如每一个人都能合法地那么去做，这世界该会是什么样子。如果人人都那么做会令这世界成为一个美好的地方，你就可以去那么做了。

爱德华·洛伦茨得出这样一个看法：气候，以及许多其他实体体系，是凌乱无序的，也是不可预测的。他还在后来发表了一篇题为《一只蝴蝶在巴西扇动翅膀，能否导致德克萨斯州出现一场龙卷风？》。在这篇文章中，洛伦茨指出，一开始的小小不同，能导致后来的巨大差异。

詹姆斯·拉夫洛克认为，地球上能存在生命，而且能保持得那么久，这简直就是一件不可能的事情，真像是宇宙这太空沙漠中突兀的一座伊甸园。他说，地球能做到自我调节其生态环境，以确保各种生命都能安然无恙存活下去；而且，地球还能使得其大自然中所有生命都相辅相成，形成一个整体。这意味着，"我们可能会发现，人类和地球上的其他生物其实互为依托，俱为一个生命整体的一部分，共同致力于维系我们这个星球的健康，维护这个能让所有生命都能继续安安稳稳生存下去的家园"。他把这个"生命整体"命名为"盖亚"。

艾伦·马歇尔认为，纯粹的资本主义必须是与人类福利相结合的。

托马斯·内格尔曾问过这么一个问题：若变成一只蝙蝠该会是什么感觉。这是因为蝙蝠感知世界的方式跟人类完全不同，它们靠的是声呐。他说，对于做一只蝙蝠会是什么感受，蝙蝠自己是有主观意识的。

罗伯特·诺齐克是一位信奉自由主义的哲学家，他认为，强行要求人们把自己挣的钱交出来给别人用，是不可容忍的做法。他甚至认为这简直就跟奴隶制差不多，都是强迫一个人为另一个人工作。

巴门尼德相信任何东西都不可能改变，而且我们应该更相信我们的推理而不是我们的感官。

让·皮亚杰写道，随着年龄的增长，人的思维会从儿童时代的"有形思维"朝着"抽象思维"逐渐发展。

桑塔耶纳曾把美描述为愉悦。他说，愉悦是我们在看到或感受到什么（比如说大山）的时候所体验到的美，因此这美更主要的不是在对象物（那座大山）上，而是在愉悦这种情绪本身当中。

亚当·斯密推崇资本主义，认为那是商业经营的好办法。

苏格拉底相信，要得出合理的结论，须通过提出相反见解并反复讨论与辩论。这种对话式教学模式后来被尊称为"苏格拉底法"。

贝内狄克特·德·斯宾诺莎认为，在现实生活中发生的一切，都是由在此之前的某些事物所造成的，而那又是由在那之前的事物所造成的。如果你可以对过去发生过的事情拍摄出非常完整的照片来，那么你就可以准确地预知接下来将会发生什么。这就几乎没有了自主意愿的余地。

泰勒斯认为最基本的物质就是水。

路德维希·维特根斯坦认为，在梦中你其实无法真正思考"我是在梦中吗"这个问题。这是因为，在你的梦境中，"我是在梦中吗"这些个字词本身就是梦境的一部分；而"我""是""在""梦""中"这些字到底能有什么意义，这本身也是梦境的一部分。

　　埃利亚的芝诺创作出了几个自相矛盾的逻辑悖论，比如阿喀琉斯和乌龟的悖论、箭头悖论，等等。